Exklusiv für Buchkäufer!

Musterbriefe:

- Abmahnung des Mieters
- Abrechnung über die Kaution
- Antwort auf Mieterreklamationen
- Fristlose Kündigung wegen Zahlungsverzug
- Rückgabe der Wohnung

Formulare:

- Mieterselbstauskunft
- Mieter-Check
- Abrechnung der Nebenkosten
- Betriebskostenabrechnung
- Heizkostenabrechnung

Verträge:

- Mietvertrag über Wohnraum
- Untermietvertrag über Wohnraum
- Garagenmietvertrag
- Mietaufhebungsvertrag

Und so geht's:

- Einfach unter www.haufe.de/arbeitshilfen den Buchcode eingeben
- Oder direkt über Ihr Smartphone bzw. Tablet per QR-Code auf die Website gehen

---

Buchcode: KSS-PNZG

www.haufe.de/arbeitshilfen

Matthias Nöllke

Die Vermieter-Mappe

Musterbriefe, Formulare
und Erläuterungen

Bibliografische Information der Deutschen Nationalbibliothek
Die Deutsche Nationalbibliothek verzeichnet diese Publikation in der Deutschen Nationalbibliografie; detaillierte bibliografische Daten sind im Internet über www.dnb.dnb.de abrufbar.

Print: ISBN: 978-3-648-05688-2   Bestell-Nr.: 16008-0001
ePDF: ISBN: 978-3-648-06339-2   Bestell-Nr.: 16008-0150

Dr. Matthias Nöllke
Die Vermieter-Mappe
1. Auflage 2014

© 2014, Haufe-Lexware GmbH & Co. KG, Munzinger Straße 9, 79111 Freiburg
Redaktionsanschrift: Fraunhoferstraße 5, 82152 Planegg/München
Telefon: (089) 895 17-0
Telefax: (089) 895 17-290
Internet: www.haufe.de
E-Mail: online@haufe.de
Produktmanagement: Jasmin Jallad

Idee & Konzeption: Dr. Matthias Nöllke, Textbüro Nöllke München
Redaktion und DTP: Cornelia Rüping, 81245 München
Umschlag: RED GmbH, 82152 Krailing
Druck: Schätzl Druck, 86609 Donauwörth

Inhalt

Einführung

In dieser Vermietermappe finden Sie die wichtigsten Formulare, Dokumente und Musterbriefe, die Sie als Privatvermieter im Alltag brauchen. Sie bekommen Hilfestellung für die Mietersuche (von der Formulierungshilfe für Ihre Anzeige bis zur Mieterselbstauskunft).

Außerdem haben wir einen aktuellen Mietvertrag mit rechtssicheren Klauseln über Schönheitsreparaturen und Nebenkosten sowie flüssig formulierte Musterbriefe für alle Gelegenheiten zusammengestellt, zum Beispiel:

- Schreiben zur Mieterhöhung,

- unterschiedliche Kündigungen,

- Abrechnung über die Kaution

- abgestufte Briefe

    – wenn der Mieter seine Miete nicht rechtzeitig bezahlt,

    – wenn er zu Unrecht die Miete mindert,

    – wenn er zu früh auszieht oder Ihnen die Wohnung unrenoviert hinterlässt.

Bei komplexen Fragestellungen wie bei der Mietersuche, der Mieterhöhung oder der Reaktion auf verspätete Mietzahlungen helfen Ihnen unsere „Schritt-für-Schritt-Anleitungen", die Übersicht zu behalten. Sie erfahren, wann was zu tun ist, und wir sagen Ihnen auch, an welcher Stelle Sie einen Anwalt einschalten sollten. Selbst wenn der erst einmal Geld kostet: Wenn Sie ihn an der richtigen Stelle einsetzen, sollte sich das bezahlt machen.

Besondere Aufmerksamkeit verdienen unsere Erläuterungen: Die Vermieter-Mappe ist keine bloße Sammlung von Formularen, Briefen und Verträgen, sondern wir erklären Ihnen ganz genau, wie Sie die Formulare ausfüllen müssen, welche Formulierungen unverzichtbar sind und wie die Gesetzestexte lauten, auf die sich der Musterbrief bezieht.

Die Musterbriefe finden Sie als Arbeitshilfen im Internet. Sie können sie in Ihre Textverarbeitung laden und passend für den Einzelfall umgestalten. Ein persönliches Schreiben wirkt meist eindringlicher. Es macht einen gewaltigen Unterschied, ob Sie dem Mieter in einem persönlichen Brief oder mit einem Vordruck eine Räumungsklage androhen. Drucken Sie Ihre Schreiben dann auf Ihrem Briefpapier aus als deutliches Zeichen, dass dieser Brief von Ihnen persönlich kommt. Darüber hinaus stehen alle Verträge, Formulare und einige wichtige Gesetzestexte wie die Energieeinsparverordnung zur Verfügung.

Zuletzt noch der Hinweis, dass diese Vermieter-Mappe nach bestem Wissen und Gewissen gestaltet wurde. Das schließt aber nicht aus, dass sich der eine oder andere Fehler eingeschlichen hat. Wenn Ihnen etwas auffällt, lassen Sie es uns wissen. Die Leser der Neuauflage werden es Ihnen danken (und wir freuen uns natürlich ebenfalls über jeden Hinweis). Schließlich kann auch nicht ausgeschlossen werden, dass sich die Gesetzeslage und/oder die Rechtsprechung ändert. Daher weisen wir ausdrücklich auf Folgendes hin: Redaktionsschluss für diese Vermieter-Mappe war der 23. Juni 2014.

Und nun wünschen wir Ihnen viel Erfolg mit Ihrer Vermieter-Mappe!

Dr. Matthias Nöllke

München im Juni 2014

Das Mietverhältnis regeln

Es hängt sehr viel davon ab, an wen Sie vermieten. Sie können sich glücklich schätzen, jemanden zu finden, der pfleglich mit Ihrem Wohneigentum umgeht und mit dem Sie sich bei Problemen verständigen können. Ein gutes Verhältnis zum Mieter ist unter dem Strich oft mehr wert als eine hohe Miete. Wer infrage kommt, das hat in erster Linie damit zu tun, was für ein Objekt Sie anbieten. Eine Person mit gut dotierter beruflicher Position muss keineswegs ein idealer Mieter sein, wenn Sie ein kleines Apartment vermieten. Denn es ist sehr wahrscheinlich, dass sie nicht lange bei Ihnen wohnen bleibt.

Bei allen Mietern kommt es auf die folgenden drei Punkte an:

- Kann sich der Mieter die Wohnung finanziell leisten?
- Ist zu erwarten, dass er pfleglich mit Ihrer Wohnung umgeht und mit der Hausgemeinschaft zurechtkommt?
- Können Sie davon ausgehen, dass er nicht nach kurzer Zeit wieder auszieht (und Sie wieder auf Mietersuche gehen müssen)?

Die Mietersuche ist auch eine Frage des richtigen Timings: Jeder Interessent braucht etwas Vorlauf, manchmal muss er noch seinen alten Mietvertrag kündigen. Zugleich dürfen Sie einen Interessenten nicht zu lange zappeln lassen. Sonst springt er Ihnen ab. Daher ist unbedingt anzuraten, dass Sie planmäßig vorgehen.

Schritt-für-Schritt-Anleitung: Von der Mietersuche bis zur Schlüsselübergabe

Unser Wegweiser soll Ihnen helfen, die Übersicht zu bewahren, damit Sie auch wirklich den richtigen Mieter auswählen.

1. Machen Sie eine Bestandsaufnahme

Ab wann wird die Wohnung frei? Kalkulieren Sie dabei einen Sicherheitsabstand ein, falls es zu Verzögerungen kommt oder Renovierungen notwendig werden. Ist das absehbar, informieren Sie unter Umständen schon vorab Ihre Handwerker.

2. Bereiten Sie den Mietvertrag vor

Noch bevor Sie sich auf Mietersuche begeben, sollten Sie sich um den Vertrag kümmern. Verwenden Sie Sorgfalt darauf, den richtigen Text auszuwählen. Denn davon kann sehr viel abhängen, zum Beispiel ob der Mieter renovieren muss. Achten Sie darauf, dass Ihr Vertragsformular der aktuellen Rechtsprechung entspricht, denn sonst könnten Sie eine böse Überraschung erleben. Verwenden Sie unbedingt ein aktuelles Vertragsformular. Überprüfen Sie auch die Klauseln zu Nebenkosten und Schönheitsreparaturen. Legen Sie die Höhe der Kaution fest und bereiten Sie individuelle Vereinbarungen vor. Äußerst wichtig ist es, sich frühzeitig über die Höhe der Miete klar zu werden. Denn damit entscheiden Sie, wie viel Geld Sie in den kommenden Jahren einnehmen, welche Klientel Sie ansprechen – und ob Sie überhaupt einen Mieter finden. Informieren Sie sich, was für vergleichbaren Wohnraum in Ihrer Stadt/Ihrer Gemeinde verlangt wird.

3. Beginnen Sie mit der Mietersuche

Stellen Sie dann einen Zeitplan auf: Wann soll Ihre Entscheidung fallen? Das sorgt für Klarheit – für Sie und für die Interessenten. Stimmen Sie Ihre Suche so ab, dass die Interessenten nicht allzu lange in der Luft hängen, weil sie auf Ihre Entscheidung warten müssen. Auf der anderen Seite hindert Sie nichts daran, von diesem Zeitplan abzuweichen und sofort den Mietvertrag festzuklopfen – wenn Sie meinen, dass Sie einen geeigneten Mieter gefunden haben. Folgende Wege können Sie beschreiten, um nach dem passenden Mieter zu suchen: Anzeigen schalten, Internet nutzen, Bekannte und Freunde informieren, Mundpropaganda, Schwarze Bretter/Intranet von Firmen, unter Umständen einen Makler einschalten, Anzeigen von Wohnungssuchenden studieren und den Kontakt herstellen.

4. Organisieren Sie Besichtigungstermine

Ist das Verhältnis zum alten Mieter zerrüttet, tun Sie sich vielleicht keinen Gefallen damit, Besichtigungen durchzuführen, solange er noch in der Wohnung lebt. Überlegen Sie, in welcher Atmosphäre die Besichtigungen stattfänden, und entscheiden Sie dann. Stimmen Sie eventuelle Termine immer rechtzeitig mit dem alten Mieter ab. Planen Sie möglichst keine Gruppenbesichtigung, legen Sie mehrere Termine aber ruhig kurz hintereinander.

5. Zeigen Sie die Wohnung

Dabei geben Sie alle wichtigen Informationen weiter und weisen auf Besonderheiten hin, zum Beispiel besondere Nebenkosten, Vertragsklauseln, geplante Modernisierungen. Fragen Sie erste Informationen über die Mietinteressenten ab und halten Sie sie schriftlich fest.

6. Holen Sie Informationen über den Mietinteressenten ein

Wenn ein Kandidat infrage kommt, sammeln Sie weitere Informationen über ihn. Lassen Sie ihn die Mieterselbstauskunft ausfüllen und/oder holen Sie die Informationen im lockeren Gespräch ein. Überprüfen Sie auch seine finanzielle Situation: Schufa-Auskunft, Mieterdatenbank, Gehaltsnachweis, Bürgschaft. Sorgen Sie dafür, dass Sie eventuelle andere Mitbewohner kennenlernen, und nehmen Sie Kontakt zu dem bisherigen Vermieter auf. Tun Sie dies, bevor Sie dem neuen Mieter zusagen!

7. Auswahl treffen

Sobald Ihre Entscheidung gefallen ist, muss der Mietvertrag gemacht werden. Er darf keine Überraschungen für den neuen Mieter mehr enthalten. Sagen Sie den anderen Interessenten Bescheid. Jemandem abzusagen ist unangenehm, aber ein Gebot der Fairness. Das gilt auch für einen Kandidaten, den Sie zur Sicherheit noch in der Hinterhand behalten sollten. Dem sagen Sie, dass Sie ihn gerne genommen hätten und zur Sicherheit seine Telefonnummer bis zum Abschluss des Mietvertrags behalten werden.

8. Schließen Sie den Mietvertrag ab

Gehen Sie den Mietvertrag Punkt für Punkt mit dem neuen Mieter durch. Weisen Sie ihn auch auf Besonderheiten wie bestimmte Einrichtungen, Schönheitsreparaturen, Kaution oder eine zentrale Schließanlage hin. Sprechen Sie dann die individuellen Vertragsklauseln ab. Bedenken Sie dabei, dass Gerichte individuelle Vertragsklauseln nur anerkennen, wenn deutlich wird, dass sie auch tatsächlich ausgehandelt und nicht von Ihnen allein festgelegt wurden. Wenn Ihr Wunschkandidat abspringt, informieren Sie umgehend den zweiten auf Ihrer Liste. Vereinbaren Sie am Ende den Übergabetermin. Achten Sie darauf, dass er nicht zu nah an dem Zeitpunkt liegt, zu dem der Vormieter ausziehen will.

9. Übergeben Sie die Wohnung und die Schlüssel

Erstellen Sie das Übergabeprotokoll in doppelter Ausfertigung, lesen Sie die Zählerstände ab oder lassen Sie sie ablesen. Weisen Sie bei dieser Gelegenheit auf Besonderheiten wie Treppenhausreinigung oder Lüftungspflichten hin und übergeben Sie dann den Schlüssel an den neuen Mieter. Erst mit der Schlüsselübergabe beginnt das Mietverhältnis.

Inhalte einer Wohnungsanzeige

Noch immer die Standardmethode, einen Mieter zu finden: Sie geben ein Zeitungsinserat auf. Denken Sie daran, dass der Erfolg einer solchen Anzeige wesentlich davon abhängt, wie gut Sie Ihre Anzeige formulieren. Dabei können Sie sich an drei Faustregeln halten:

- Das Wichtigste gehört an den Anfang.

- Alle wesentlichen Informationen müssen hinein (Lage, Höhe der Miete, neuerdings auch die Angaben zum Energieausweis).

- Formulieren Sie knapp und sachlich. Marktschreierische oder „originelle" Anzeigen kommen nicht gut an.

Sind alle notwendigen Angaben in meiner Anzeige enthalten?

Das sollte in Ihrem Text enthalten sein	Ihre Formulierung
Was wollen Sie vermieten? Beschreiben Sie knapp Ihr Objekt.	

Sie müssen sich in den Interessenten hineinversetzen: Was ist für ihn wohl das Wichtigste? In der Regel handelt es sich entweder um die Lage („Köln-Südstadt") oder um das Objekt („Traumhaus am Waldrand"). Ist die Lage die wichtigste Information, dann ist das Objekt in der Regel die zweitwichtigste und gehört an die zweite Stelle („Köln-Südstadt, 3-Zimmerwohnung").

Wo befindet sich das Objekt? Örtliche Lage, Stadtteil	

Natürlich sollten Sie die Vorzüge Ihres Objekts zur Sprache bringen, aber lieber knapp und prägnant als in blumigen Formulierungen: „helle Altbauwohnung", „verkehrsgünstig", „ruhig", „5 Minuten zur U-Bahn". So bringen Sie die Sache auf den Punkt.

Wie hoch ist die Miete? Geben Sie die monatliche (Kalt-)Miete und die Nebenkosten an.	

Die drittwichtigste Information. Sie gehört ans Ende der Beschreibung vor die Telefonnummer. Der Interessent sollte erkennen können, was an Kosten auf ihn zukommt: „Miete: 650 € + 150 € NK" (NK = Nebenkosten) ist kurz und präzise. Die Kaution brauchen Sie in aller Regel nicht zu erwähnen (nur wenn sie besonders niedrig ist).

Angaben zum Energieausweis (seit 1.5.2014 Pflicht!): Art des Energieausweises (Bedarfs- oder Verbrauchsausweis), Energieverbrauch laut Energieausweis, Beheizungsart des Gebäudes (der Energieträger), Baujahr und Energieeffizienzklasse	
Welche Besonderheiten gibt es? Extras, zum Beispiel Gartenanteil, Stellplatz, Sauna oder Einschränkungen	

Extras und Sonderausstattungen sollten Sie nennen (Stellplatz, grüner Innenhof, ggf. Lift). Erwähnen Sie auch, wenn die Wohnung für bestimmte Mieter Vorzüge bietet (für Familien, Senioren, Rollstuhlfahrer). Sind Kleinigkeiten oder Selbstverständlichkeiten aufgeführt (zum Beispiel Keller, Badezimmer), wecken Sie Argwohn.

Wo muss sich der Interessent melden? Kontakt: Chiffre, Adresse, Telefonnummer	

Chiffreanzeigen garantieren Anonymität, sind aber für die Interessenten oft zu umständlich. Eine gewisse Anonymität bleibt gewahrt, wenn Sie nur Ihre Telefonnummer angeben. Die Angabe von Name und Adresse ist hingegen unüblich. Werden an Ihrem Ort viele Objekte über einen Makler vermittelt, sollten Sie hinzufügen: „von privat". So weiß der Interessent, dass keine Maklergebühr anfällt.

Mieterselbstauskunft

Ist jemand ernsthaft daran interessiert, Ihre Wohnung anzumieten, dann können Sie von ihm eine Mieterselbstauskunft verlangen. Sie hat eine doppelte Funktion.

- Sie soll Ihnen die Entscheidung erleichtern, den passenden Mieter auszuwählen.

- Sie dient Ihnen zur Absicherung: Falls sich später herausstellt, dass Ihr Mieter falsche Angaben gemacht hat, um die Wohnung zu bekommen, haben Sie zumindest etwas in der Hand. Womöglich können Sie ihm fristlos kündigen (BGH, Urteil vom 9. April 2014, Az. VIII, ZR 107/13) und wegen Betrugs verklagen.

Allerdings ist die Mieterselbstauskunft nicht ganz unumstritten. Niemand lässt sich gern in die Karten schauen. Gerade wenn Sie ohnehin Probleme haben, einen Mieter zu finden, könnte eine Mieterselbstauskunft zusätzlich abschrecken. Auch solvente Mieter legen gegenüber ihrem Vermieter nicht so gerne offen, wie viel sie monatlich verdienen – wenn sie es nicht müssen.

Doch für Sie geht es ja um sehr wichtige Fragen. In erster Linie darum, ob sich der Mietinteressent die Wohnung überhaupt finanziell leisten kann. Daher ist es in den meisten Fällen sinnvoll, eine Mieterselbstauskunft zu verlangen. Die schützt Sie zwar nicht davor, belogen zu werden, aber gewiss dürften die meisten Interessenten diesen Bogen ehrlich ausfüllen. Vor allem wenn die Angaben nicht ganz so perfekt sind, können Sie das annehmen.

Und noch etwas sollten Sie beachten: Bekommt jemand, der eine Selbstauskunft ausgefüllt hat, nicht die Wohnung, sollten Sie sich verpflichten, seine Angaben zu löschen, den Bogen zu vernichten oder ihn zurückzuschicken. So etwas wirkt vertrauensbildend. Und bei einem Mietverhältnis kommt es auf Vertrauen an.

Kommentar zur Mieterselbstauskunft

1 Genaue Adresse

Auch wenn die Selbstauskunft erst einmal nur internen Zwecken dient und Sie nur allzu gut wissen, um welche Wohnung es geht, sollten Sie die genaue Adresse angeben. Sollte es später Probleme geben, können Sie genau belegen, für welche Wohnung die Auskunft erteilt wurde.

2 Oder auch erst/bereits

Sehr nützliche Angabe. Womöglich verschiebt sich die Vermietung nach vorne oder hinten. Dann ist es gut zu wissen, ob Sie Spielraum haben.

3 Name und Anschrift des derzeitigen Vermieters

Der beste Schutz gegen unzuverlässige Mieter und gegen „Mietnomaden": Sie nehmen Kontakt zum bisherigen Vermieter auf.

4 Kinder

Diese Rubrik wirkt etwas kinderfeindlich, so als würden Sie an Familien mit Kindern ab einer bestimmten Anzahl und in einem bestimmten Alter nicht vermieten. Auf der anderen Seite haben Sie Anspruch darauf zu erfahren, wer in Ihre Wohnung einziehen soll.

5 Ausgeübter Beruf

Die Angabe zum Beruf allein genügt nicht, fragen Sie nach dem „ausgeübten" Beruf. Denn womöglich ist Ihr Interessent gar nicht in seinem erlernten Beruf tätig oder arbeitslos.

6 Nettoeinkommen

Die zentrale Frage: Kann sich Ihr Mieter die Wohnung leisten? Manche Vermieter verlangen darüber hinaus einen Einkommensnachweis.

7 Seit wann?

Ein langjähriges Arbeitsverhältnis erweckt Vertrauen und spricht für eine gewisse Stabilität. Auf der anderen Seite ist der Antritt einer neuen Stelle ein schlüssiges Argument, um auch nach einer neuen Wohnung zu suchen.

Mieterselbstauskunft

Ich bin an der Anmietung der _____-Zimmer-Wohnung in _____

①   _____

②   Und zwar ab: _____ Oder auch bereits/erst ab: _____

Ich habe zur Kenntnis genommen, dass die Selbstauskunft von mir nicht verlangt werden kann, die vollständige und wahrheitsgemäße Erteilung aber vom Vermieter zur Vorbedingung für eine Vermietung gemacht wird.

Angaben zu meiner Person

Name: _____ Geburtsname: _____

Vorname: _____ Geburtsdatum: _____

Derzeitige Anschrift: _____

③   Name und Anschrift des derzeitigen Vermieters: _____

_____

_____

Meine Anschriften in den letzten fünf Jahren: _____

_____

_____

④   Anzahl und Alter der Kinder: _____

Angaben zu Beruf und finanzieller Situation

⑤   Ausgeübter Beruf: _____

⑥   Monatliches Nettoeinkommen: _____

⑦   Arbeitgeber (seit wann?): _____

_____

Bankverbindung (seit wann?): _____

_____

Haben Sie eine eidesstattliche Versicherung (früher: Offenbarungseid) abgegeben? **8**

☐ ja   ☐ nein

Falls ja, wann? _____

Beim Amtsgericht: _____

_____

Aktenzeichen: _____

Angaben zu Mitbewohnern und Tierhaltung

Sollen außer den oben genannten Kindern weitere Personen in der Wohnung aufgenom-   **9**
men werden?

☐ ja   ☐ nein

Wenn ja, wer? (Name, Anschrift)   **10**

_____

_____

Beabsichtigen Sie, Tiere zu halten?   **11**

☐ ja   ☐ nein

Wenn ja, welche? _____

_____

Ich erkläre, dass ich in der Lage bin, alle mietvertraglich zu übernehmenden Verpflichtungen, insbesondere die Zahlung von Kaution, Miete und Nebenkosten, zu leisten.

_____, den_____

(Ort, Datum)

_____

(Unterschrift)

Sollte mit dem Interessenten der Mietvertrag nicht zustande kommen, so werden alle In-   **12**
formationen dieser Selbstauskunft sofort gelöscht.

Kommentar zur Mieterselbstauskunft

8 eidesstattliche Versicherung

Unbedingt nachfragen. Kreuzt Ihr Kandidat hier „ja" an, war er bereits einmal zahlungsunfähig. Dies muss für Sie kein K.o.-Kriterium sein, wenn sich für Sie schlüssig ergibt, dass er seine Finanzen „nun im Griff" hat. Darüber hinaus wirkt es vertrauensbildend, wenn der Interessent seine einstige Zahlungsunfähigkeit einräumt. Verschweigt er hingegen den „Offenbarungseid", begeht er unter Umständen einen Betrug – und das ist eine Straftat.

9 weitere Personen

Diese Frage richtet sich ausschließlich darauf, dass Sie wissen müssen, ob noch jemand mit einzieht und wenn ja, wer das ist. Es bedeutet nicht, dass Ihr Mieter nicht später mit seinem/r Lebenspartner/in zusammenziehen kann oder keine engeren Verwandten mehr aufnehmen darf.

10 Anschrift

Wohnt der Interessent bereits mit den genannten Personen zusammen? Ziehen sie neu zusammen? Haben die Personen keine Adresse, sollte Sie das misstrauisch machen. Auch ist es möglich, die Adressen zu überprüfen.

11 Tiere halten

Die Frage der Tierhaltung ist ein strittiges Thema. Daher empfiehlt es sich, die Vorstellungen Ihres Mieters abzufragen. Damit können Sie zwar nicht verhindern, dass es sich Ihr Mieter später vielleicht noch einmal anders überlegt und Sie mit dem Thema erneut zu tun bekommen. Doch haben Sie einen gewissen Anhaltspunkt. Und Sie müssen es keineswegs dulden, wenn Ihr Mieter angegeben hat, keine Haustiere halten zu wollen und zwei Wochen nach Einzug die Erlaubnis einfordert, sich eine Dogge anzuschaffen.

12 Alle Informationen werden gelöscht

Dies ist eine vertrauensbildende Maßnahme, die sich eigentlich von selbst verstehen sollte. Aber es kann sehr beruhigend wirken, wenn Sie sich ausdrücklich verpflichten, so zu handeln.

Kommentar zum Mieter-Check

1 Mieter-Check

Mit diesem Formular können Sie sämtliche Interessenten mit allen Informationen erfassen, die für Sie wichtig sind. Sie dient ausschließlich dem internen Gebrauch. Auf einen Blick haben Sie alle relevanten Daten vor sich.

2 Telefonnummer

Die Adresse brauchen Sie nicht, aber die Telefonnummer. Denn wenn Sie sich für einen Kandidaten entschieden haben, können Sie ihn umgehend informieren – und den übrigen absagen.

3 Finanzielle Situation in Ordnung

Die entscheidende Frage: Kann sich der Mieter Ihre Wohnung leisten? Haben Sie sich davon überzeugt, sollten Sie diesen Punkt abhaken.

4 Raucher

Diese Angabe sollten Sie nur eintragen, wenn sie für Sie wirklich relevant ist. Ansonsten streichen Sie sie.

5 Grund für Wohnungswechsel

Fragen Sie nach und hinterfragen Sie kritisch, ob der Wohnungswechsel plausibel ist oder ob sich dahinter eventuell eine fristlose Kündigung verbergen könnte (womöglich wegen Zahlungsverzug)?

6 Pro/Kontra

Jeder Mieter ist anders. Notieren Sie, was für den Kandidaten spricht und was Ihnen weniger gefällt. Das erleichtert die Entscheidung.

7 Persönlicher Gesamteindruck

Fassen Sie Ihren Eindruck möglichst knapp zusammen. Sie können auch Schulnoten vergeben, wenn Ihnen das liegt.

Mieter-Check

①

② Name, Vorname: _____ Telefonnummer: _____

Mietbeginn: _____ alternativ: _____

Mitbewohner: _____

③
④ ☐ Finanzielle Situation in Ordnung   ☐ Mitbewohner gesehen   ☐ Raucher

⑤ Grund für Wohnungswechsel: _____

Tierhaltung: _____

⑥ Pro: _____

Kontra: _____

⑦ Persönlicher Gesamteindruck: _____

Name, Vorname: _____ Telefonnummer: _____

Mietbeginn: _____ alternativ: _____

Mitbewohner: _____

☐ Finanzielle Situation in Ordnung   ☐ Mitbewohner gesehen   ☐ Raucher

Grund für Wohnungswechsel: _____

Tierhaltung: _____

Pro: _____

Kontra: _____

Persönlicher Gesamteindruck: _____

Name, Vorname: _____ Telefonnummer: _____

Mietbeginn: _____ alternativ: _____

Mitbewohner: _____

☐ Finanzielle Situation in Ordnung   ☐ Mitbewohner gesehen   ☐ Raucher

Grund für Wohnungswechsel: _____

Tierhaltung: _____

Pro: _____

Kontra: _____

Persönlicher Gesamteindruck: _____

Mietvertrag über Wohnraum

Mit dem Mietvertrag schaffen Sie die Grundlage für das Mietverhältnis. Dabei sind Sie als Vermieter für den Vertrag verantwortlich. Das heißt, jede Ungenauigkeit, jeder Fehler, jede Lücke geht zu Ihren Lasten. Auch wenn Sie etwas in Ihren Mietvertrag hineinschreiben, das für den Mieter „überraschend" ist, kann eine Vertragsklausel schnell zu Fall kommen. Denn in aller Regel wird Ihr Mietvertrag ein sogenannter Formularmietvertrag sein, und der unterliegt den strengen Bestimmungen, die für die „Allgemeinen Geschäftsbedingungen" gelten. Diese Bestimmungen finden Sie im Bürgerlichen Gesetzbuch (BGB), §§ 305 bis 310.

Eine ganze Reihe von Mietvertragsklauseln haben die Gerichte für unwirksam erklärt. Das führt manchmal zu einem etwas paradoxen Effekt: Besonders strenge Klauseln sind für den Mieter vorteilhaft, da sie oft unwirksam sind. Dann gelten die gesetzlichen Bestimmungen und die sind in aller Regel sehr mieterfreundlich. Hat der Mieter hingegen über solch eine strenge Klausel mit Ihnen verhandelt und erreicht, dass sie abgemildert wird, gilt sie nach dem Grundsatz der Vertragsfreiheit auch in dieser Form (Ausnahme: Sie wäre „sittenwidrig"). Anders gesagt: Für den Mieter ist es am vorteilhaftesten, wenn er nicht verhandelt, sondern den Vertrag einfach unterschreibt.

Sie als Vermieter müssen hingegen aufpassen, dass Sie die richtigen Formulierungen verwenden und Ihre Rechte im Mietvertrag festschreiben lassen: Dass der Mieter Nebenkosten zahlt, dass er von Zeit zu Zeit renovieren muss (Schönheitsreparaturen), dass er Ihnen eine Einzugsermächtigung erteilt, dass Sie die Nebenkostenpauschale erhöhen dürfen, all das muss in den Mietvertrag. Sonst haben Sie kaum eine Möglichkeit, diese Ansprüche noch durchzusetzen. Unsere Vertragsformulare sollen Ihnen helfen, dass Sie zu Ihrem Recht kommen. Lesen Sie aufmerksam die Hinweise auf der folgenden Seite und streichen Sie unbedingt alle Alternativen, die nicht in den Vertrag sollen. Sonst kann sich Ihr Mieter aussuchen, was gelten soll.

Kommentar zum Mietvertrag über Wohnraum

1 **Mietvertrag über Wohnraum**

Es bestehen erhebliche Unterschiede zwischen der Vermietung von Wohnraum und Gewerberäumen. Vermieten Sie zu Wohnzwecken, darf der Mieter die Räume nicht gewerblich nutzen, sonst können Sie ihm nach Abmahnung kündigen.

2 **weiterer Mieter**

Den Ehe- oder Lebenspartner sollten Sie mitunterschreiben lassen, um Ihre Ansprüche gegen beide zu wahren. Ansonsten ist es meist günstiger, wenn Sie sich an einen Hauptmieter halten.

3 **Bestehend aus _____ Zimmer sowie Küche**

Unzutreffendes bitte streichen. Gibt es weitere Räume, sollten Sie die ergänzen.

4 **Die gesamte Wohnfläche beträgt ca.**

Bevor Sie vermieten, sollten Sie noch einmal nachmessen. Denn ist die tatsächliche Wohnfläche um zehn Prozent oder mehr kleiner, als im Mietvertrag angegeben, darf Ihr Mieter um diesen Prozentsatz die Miete kürzen, also mindestens um zehn Prozent. Da nützen auch Angaben wie „circa" oder „ungefähr" nichts. Ihr Mieter kann sogar rückwirkend zu viel gezahlte Miete zurückfordern. Die Verjährungsfrist beträgt drei Jahre (§ 195 BGB). Allerdings verjähren seine Ansprüche erst, wenn der Mieter von dem Mangel erfährt, also beispielsweise wenn er die Fläche nachmisst.

5 **zu benutzen/mitzubenutzen**

Hier können Sie alles aufführen, was sich nicht in der Wohnung befindet, der Mieter aber nutzen oder mitbenutzen darf: den Waschkeller, den Fahrradkeller, den Schuppen im Garten, die Gemeinschaftsterrasse, die Sauna und vieles mehr.

6 **Schlüssel**

Geben Sie unbedingt alle Schlüssel an. Ansonsten dürfte es schwer sein zu belegen, dass Sie Ihrem Mieter weitere Schlüssel ausgehändigt haben. Verfügt das Mehrfamilienhaus über eine zentrale Schließanlage, dann sollten Sie in den „sonstigen Vereinbarungen" noch einmal eigens darauf hinweisen, dass der Verlust des Haustürschlüssels zum Austausch aller Schlösser führen kann und die Kosten vom Mieter zu tragen wären.

① Mietvertrag über Wohnraum

Zwischen

_____ (Vorname, Name)

in: _____ (Adresse)

im Folgenden „Vermieter" genannt

und

_____ (Vorname, Name)

in: _____ (Adresse)

② sowie: _____ (Ehegatte, weiterer Mieter)

im Folgenden „Mieter" genannt

wird folgender Mietvertrag geschlossen:

§ 1 Mietgegenstand

1.1 Vermietet wird die Wohnung/das Einfamilienhaus in _____
      _____ (Straße, Hausnummer, ggf. Etage, Wohnort).

③ Bestehend aus _____ Zimmern sowie Küche, Bad, Toilette, Gästebad, Balkon, Ter-
      rasse, Bodenraum, Kellerraum/Kellerabteil mit der Nummer _____ und _____
      _____ .

④ Die gesamte Wohnfläche beträgt ca. _____ m^2, die Nutzfläche _____ m^2.

      Außerdem ist der Mieter berechtigt, _____
⑤ zu benutzen/mitzubenutzen.

⑥ 1.2 Der Mieter erhält für die Dauer der Mietzeit folgende Schlüssel: ___ Haustürschlüs-
      sel, ___ Wohnungsschlüssel, ___ Kellerschlüssel, ___ Briefkastenschlüssel und ___
      Zimmerschlüssel sowie _____. Mit Einwilligung des Ver-
      mieters darf der Mieter zusätzliche Schlüssel anfertigen lassen, die bei Rückgabe
      der Mietsache an den Vermieter herauszugeben sind.

§ 2 Mietzeit

2.1a Das Mietverhältnis beginnt am _____ und läuft auf unbestimmte Zeit.

2.1b (alternativ: Zeitmietvertrag)

      Das Mietverhältnis beginnt am _____ und endet am _____.
Während dieser Zeit verzichten beide Vertragsparteien auf ihr ordentliches Kündigungsrecht. Das Mietverhältnis wird befristet, weil der Vermieter nach Ablauf der Mietzeit die Wohnung folgendermaßen nutzen will: _____

      _____

      _____ .

      Die Befristung berührt nicht das Recht des Vermieters, die Miete zu erhöhen.

2.2 Das Mietverhältnis kann nach den gesetzlichen Vorschriften gekündigt werden. Demnach muss der Mieter eine dreimonatige Kündigungsfrist einhalten. Für den Vermieter verlängert sich die dreimonatige Kündigungsfrist nach fünf Jahren auf sechs Monate und nach acht Jahren auf neun Monate. Dabei muss die Kündigung spätestens am dritten Werktag des Monats der Gegenpartei zugehen, damit der betreffende Monat noch mitzählt.

2.3 Kann dem Mieter die Mietsache zum vereinbarten Zeitpunkt nicht zu Verfügung gestellt werden, so ist der Vermieter nur dann schadenersatzpflichtig, wenn er vorsätzlich oder fahrlässig gehandelt hat.

§ 3 Die Miete

3.1 Die Miete beträgt monatlich _____ Euro.

3.2a Die Miete kann durch eine einvernehmliche Vereinbarung (§ 557 Absatz 1 BGB) oder auf die ortsübliche Vergleichsmiete (§ 558 Absatz 1 BGB) erhöht werden.

3.2b Staffelmiete: Die unter § 3.1 vereinbarte Miete gilt für die ersten zwölf Monate seit Vertragsbeginn. Ab _____ erhöht sie sich auf _____ Euro.

      Ab _____ erhöht sie sich auf _____ Euro. Ab _____ auf _____ Euro.

      Ab _____ erhöht sie sich auf _____ Euro. Ab _____ auf _____ Euro.

      Ab _____ erhöht sie sich auf _____ Euro. Ab _____ auf _____ Euro.

      Ab _____ erhöht sie sich auf _____ Euro. Ab _____ auf _____ Euro.

Kommentar zum Mietvertrag über Wohnraum

1 Das Mietverhältnis beginnt am/Zeitmietvertrag

Alternative bitte streichen. Denken Sie daran: Alle Unstimmigkeiten gehen zu Ihren Lasten. Bei einem Zeitmietvertrag verzichten beide Seiten darauf, den Vertrag „ordentlich" zu kündigen, also unter Einhaltung der gesetzlichen Kündigungsfrist. Achtung: Ein solcher Vertrag darf höchstens für vier Jahre abgeschlossen werden!

2 die Wohnung folgendermaßen nutzen will

Als Vermieter können Sie den Mietvertrag nur befristen, wenn Sie Eigenbedarf geltend machen, eine umfangreiche Modernisierung durchführen oder die Räume an einen zur Dienstleistung Verpflichteten vermieten wollen. Diesen Grund müssen Sie hier so darlegen, dass der Mieter ihn nachvollziehen kann.

3 Das Mietverhältnis kann nach den gesetzlichen Vorschriften gekündigt werden

Diese Formulierung besagt, dass Sie den gesetzlichen Vorschriften folgen – auch wenn sich diese ändern. Wollen Sie das nicht, etwa weil Sie befürchten, dass sich die Bedingungen für Vermieter weiter verschlechtern, dann streichen Sie diesen Satz und ändern den darauffolgenden Satz ab: „Der Mieter muss eine dreimonatige Kündigungsfrist einhalten." Dann bleibt die jetzige Regelung für diesen Vertrag in Kraft, auch wenn sich die gesetzlichen Vorschriften ändern.

4 ortsübliche Vergleichsmiete

Das ist die Standardmieterhöhung, bei der Sie sich auf eine Mietdatenbank, ein Gutachten oder drei Vergleichswohnungen stützen können. Wichtig: Wählen Sie diese Alternative, müssen Sie die anderen streichen!

5 Staffelmiete

Bei einer Staffelmiete müssen Sie sämtliche Mieterhöhungen im Vertrag angeben. Zwischen den einzelnen Stufen müssen mindestens zwölf Monate liegen. Und Sie dürfen einen Staffelmietvertrag längstens für zehn Jahre abschließen. Danach können Sie eine neue Vereinbarung treffen oder es gilt die Erhöhung auf die ortsübliche Vergleichsmiete. Wenn Sie die Staffelmiete wählen, achten Sie unbedingt darauf, die Alternativen 3.2a und 3.2c zu streichen!

Kommentar zum Mietvertrag über Wohnraum

1 **beträgt der Index _____ Punkte**

Den aktuellen Stand können Sie telefonisch unter 0611 75-4777, -3777 oder im Internet unter www.destatis.de oder www.bundesbank.de abfragen.

2 **eine Veränderung der Miete kann durch jede Vertragspartei**

Theoretisch kann der Mieter eine Absenkung der Miete verlangen – wenn die Lebenshaltungskosten um mehr als fünf Prozent gesunken sind. In der Praxis kommt dieser Fall jedoch so gut wie nicht vor.

3 **Zusätzlich ... trägt der Mieter die Nebenkosten**

Dieser Absatz ist äußerst wichtig, denn ohne eine wirksame Vertragsklausel über die Nebenkosten müsste der Mieter – außer den Kosten für Heizung und Warmwasser – gar keine Nebenkosten zahlen. Dabei müssen alle Nebenkostenarten, die Sie auf den Mieter umlegen wollen, im Mietvertrag genannt sein. Mit dem Hinweis auf § 2 der Betriebskostenverordnung, den Sie in der Anlage dem Vertrag anheften, sind Sie aber auf der sicheren Seite, denn der Paragraf führt alle Nebenkosten auf, die überhaupt umlagefähig sind.

4 **Verbrauchskosten hat der Mieter direkt gegenüber dem Versorgungsunternehmen**

Achtung, wenn Sie die Verbrauchskosten abrechnen, müssen Sie diese Vertragsklausel unbedingt streichen. Bezieht der Mieter nur den Strom direkt von einem Versorger, müssen Sie Wasser und Gas streichen.

5 **Auf die übrigen Nebenkosten wird der Mieter eine Vorauszahlung**

Laufen alle Nebenkosten über Sie, streichen Sie einfach das Wörtchen „übrigen". Äußerst wichtig ist, dass Sie den Betrag nennen. Lassen Sie das Feld leer, muss Ihr Mieter womöglich gar keine Vorauszahlungen leisten. Ärger ist vorprogrammiert.

6 **Pauschale**

Alternative zu § 4.4a, den Sie streichen müssen, wenn Sie eine Nebenkostenpauschale erheben wollen, über die Sie nicht abrechnen. Erfahrungsgemäß ist diese Variante nur bei kleinen oder bei kurzfristigen Mietverhältnissen sinnvoll. Eine Pauschale zu erhöhen, ist äußerst mühsam (Musterbrief 20, Seite 168) und überhaupt nur zulässig, wenn wie hier ein „Erhöhungsvorbehalt" im Mietvertrag erscheint („Erhöhen sich diese Nebenkosten ..."). Daher unser Rat: Rechnen Sie lieber über die Nebenkosten ab und streichen Sie diesen Punkt. Wenn Sie aber eine Pauschale vereinbaren wollen, muss der Betrag hier genannt sein. Sonst zahlt Ihr Mieter null Euro.

3.2c Indexmiete: Verändert sich der Verbraucherpreisindex, der vom Statistischen Bundesamt festgestellt wird, um mehr als fünf Prozent gegenüber dem Stand bei der letzten Änderung, verändert sich die Miete im gleichen prozentualen Verhältnis. Bei Vertragsabschluss beträgt der Index _____ Punkte. Eine Veränderung der Miete kann durch jede Vertragspartei frühestens nach zwölf Monaten durch schriftliche Erklärung geltend gemacht werden. Dabei müssen der Preisindex und die neue Miete angegeben werden. Die neue Miete gilt dann nach Ablauf des übernächsten Monats, der auf den Zugang des Schreibens folgt.

§ 4 Nebenkosten

4.1 Zusätzlich zu der in § 3 vereinbarten Miete trägt der Mieter die Nebenkosten. Als Nebenkosten gelten die Betriebskosten im Sinne von § 2 der Betriebskostenverordnung. Eine Aufstellung der Neben- bzw. Betriebskosten, die der Mieter zu tragen hat, ist dem Vertrag als Anlage beigefügt. Diese Anlage ist wesentlicher Bestandteil des Vertrags.

4.2 Entstehen nach Vertragsschluss neue Nebenkosten, etwa in Folge von Modernisierungsmaßnahmen, so ist der Vermieter berechtigt, diese Nebenkosten nach einer Erklärung in Textform auf den Mieter umzulegen.

4.3 Die Verbrauchskosten hat der Mieter unmittelbar und direkt gegenüber dem Versorgungsunternehmen zu bezahlen. So wird er Strom/Gas/Wasser auf eigene Rechnung beziehen und auf eigene Kosten die Räume beheizen.

4.4a Auf die übrigen Nebenkosten wird der Mieter eine Vorauszahlung in Höhe von monatlich _____ Euro an den Vermieter zahlen, der über diese Nebenkosten jährlich abrechnen wird.

4.4b Für alle übrigen Nebenkosten entrichtet der Mieter eine Pauschale in Höhe von monatlich _____ Euro. Über diese Nebenkosten wird nicht abgerechnet. Erhöhen sich diese Nebenkosten, ist der Vermieter berechtigt, die Pauschale zu erhöhen.

4.5 Nach der Abrechnung der Nebenkosten ist der Vermieter berechtigt, die Höhe der künftigen Vorauszahlungen entsprechend anzupassen.

4.6   Zieht der Mieter während einer Abrechnungsperiode aus, ist der Vermieter berechtigt, die Kostenverteilung bei der nächsten fälligen Abrechnung vorzunehmen. Die Kosten für eine Zwischenablesung trägt der ausziehende Mieter.   ❶

§ 5 Zahlung der Miete und der Nebenkosten

5a   Die Miete und die Nebenkosten betragen zusammen _____ Euro. Sie sind vom Mieter monatlich im Voraus zu entrichten. Spätestens am dritten Werktag des betreffenden Monats muss der entsprechende Betrag auf dem Konto des Vermieters   ❷
bei der _____ (Name der Bank/Sparkasse) sein,
Kontonummer: _____ BLZ: _____ .

5b   Miete und Nebenkosten sind monatlich im Voraus fällig, und zwar am dritten Werktag des betreffenden Monats. Der Mieter erklärt sich bereit, dass die Zahlungen bei Fälligkeit im Lastschriftverfahren von seinem Konto abgebucht werden.   ❸
Deshalb erteilt er dem Vermieter eine Einzugsermächtigung für sein Konto bei der
_____ (Name der Bank)
Kontonummer: _____ BLZ: _____ .

§ 6 Kaution

6.1   Der Mieter zahlt an den Vermieter bei Beginn des Mietverhältnisses eine Kaution in   ❹
Höhe von _____ Euro, um die Verpflichtungen aus dem Mietverhältnis abzusichern.

6.2   Der Mieter ist berechtigt, die Kautionssumme in drei Monatsraten zu bezahlen. Dabei ist die erste Rate zu Beginn des Mietverhältnisses fällig, die beiden anderen in   ❺
den darauffolgenden Monaten. Sie sind mit der Miete, spätestens am dritten Werktag des betreffenden Monats zu zahlen./Sie werden vom Vermieter zusammen mit   ❻
der betreffenden Monatsmiete vom Konto des Mieters abgebucht.

Kommentar zum Mietvertrag über Wohnraum

1 Die Kosten ... trägt der ausziehende Mieter

Haben Sie die Gebühr für die Zwischenablesung nicht in Ihrem Mietvertrag vereinbart, dann müssen Sie sie selber zahlen. Die Gebühr können Sie nur vom ausziehenden Mieter verlangen.

2 auf dem Konto des Vermieters

Gemäß § 556b Absatz 1 BGB ist die Miete spätestens bis zum dritten Werktag „zu entrichten". Diese Regelung verpflichtet den Mieter jedoch nur, zu diesem Zeitpunkt die Zahlung zu veranlassen. Verpflichten Sie ihn daher, dass die Zahlung zum betreffenden Termin auf Ihrem Konto eingegangen sein muss. Der Unterschied kann drei, vier Tage betragen. Außerdem werden Sie schneller darauf aufmerksam, wenn sich bei Ihrem Mieter Zahlungsschwierigkeiten anbahnen.

3 Lastschriftverfahren

Im Mietvertrag dürfen Sie den Mieter durchaus verpflichten, Ihnen eine Einzugsermächtigung zu erteilen. Das schützt nicht unbedingt vor zahlungsunfähigen Mietern, doch müssen Sie sich nicht mit „vergessenen" Mietzahlungen herumärgern und einen säumigen Mieter immer wieder anmahnen, doch bitte pünktlich zu überweisen. Allerdings dürfen Sie nur Zahlungen abbuchen, mit denen der Mieter einverstanden ist. Wenn er die Miete mindert, dürfen Sie also nicht die volle Miete abbuchen. Umlagen oder Mieterhöhungen müssen Sie rechtzeitig vorher ankündigen. Halten Sie sich nicht daran, kann der Mieter Ihnen die Einzugsermächtigung entziehen.

4 Kaution in Höhe von

Die Kaution darf maximal drei Monatsmieten betragen. Maßgeblich ist dabei die Kaltmiete, also die Miete ohne Nebenkosten.

5 in drei Monatsraten

Grundsätzlich ist der Mieter berechtigt, die Kaution in drei Raten zu zahlen. Als Vermieter sind Sie eigentlich nicht verpflichtet, Ihren Mieter auf dieses Recht hinzuweisen. Auf der anderen Seite ist eine Vertragsklausel, mit der Sie den Mieter verpflichten, die Kaution auf einen Schlag zu Beginn des Mietverhältnisses aufzubringen, unwirksam!

6 zu zahlen/... abgebucht

Alternative, die für Ihren Vertrag nicht zutrifft, bitte streichen.

Kommentar zum Mietvertrag über Wohnraum

1 **Der Vermieter legt die Kaution getrennt von seinem Vermögen an**

Sie dürfen die Kaution nicht einfach Ihrem Vermögen einverleiben, sondern müssen sie getrennt anlegen. Das dient dem Schutz des Mieters für den Fall, dass Sie insolvent werden. Wenn der Mieter es wünscht, müssen Sie nachweisen können, dass Sie die Kaution tatsächlich „getrennt" angelegt haben. Auch während der laufenden Mietzeit kann der Mieter noch verlangen, dass Sie die Kaution entsprechend anlegen. Tun Sie das nicht, darf er die laufenden Mietzahlungen in Höhe der Kautionssumme einbehalten.

2 **Kaution folgendermaßen anzulegen**

Seit 2001 ist es möglich, die Kaution anders anzulegen als auf einem Sparbuch mit dreimonatiger Kündigungsfrist. Dadurch lassen sich höhere Erträge erzielen, was der Mietsicherheit zugute kommt und auch dem Mieter nutzt, der eine höhere Erstattung erwarten kann. Doch mit höheren Erträgen steigt meist auch das Risiko, Einbußen zu erleiden. Von spekulativen Anlageformen kann daher nur abgeraten werden. Der Mieter darf keineswegs verlangen, dass „seine" Kaution anders als auf einem Sparbuch mit dreimonatiger Kündigungsfrist angelegt wird.

3 **bis zu einem Betrag von _____ Euro im Einzelfall**

Hier sollten Sie einen Betrag von maximal 120,00 Euro eintragen. Sonst riskieren Sie, dass die Klausel unwirksam wird und Sie für sämtliche Kleinreparaturen aufkommen müssen.

4 **Summe von _____ Euro pro Jahr**

Der Betrag, den Sie hier eintragen, darf eine Monats(kalt)miete nicht übersteigen. Sonst ist die Klausel unwirksam.

5 _____

Muss der Mieter bestimmte Räume besonders stark beheizen oder lüften, sollten Sie darauf hier noch einmal ausdrücklich hinweisen. Sonst tragen Sie womöglich nicht nur den Schaden davon (zum Beispiel Schimmelbildung), sondern Ihr Mieter kann unter Umständen zusätzlich die Miete mindern, weil Sie ihn nicht ausreichend informiert haben.

① 6.3a Der Vermieter legt die Kaution getrennt von seinem Vermögen an. Der Betrag wird mit dem Satz verzinst, der für Spareinlagen mit dreimonatiger Kündigungsfrist üblich ist. Die Zinsen stehen dem Mieter zu und erhöhen die Sicherheit.

② 6.3b Mieter und Vermieter kommen überein, die Kaution folgendermaßen anzulegen:

_____

_____ .

Die Zinsen/Erträge stehen dem Mieter zu und erhöhen die Sicherheit.

6.4 Nach Beendigung des Mietverhältnisses rechnet der Vermieter über die Kaution ab. Sofern der Vermieter keine Gegenansprüche geltend machen kann, ist sie einschließlich Zinsen an den Mieter zurückzuzahlen.

§ 7 Instandhaltung und Instandsetzung

7.1 Die Kosten für die Instandhaltung und Instandsetzung der Mietsache trägt der Vermieter, sofern der Schaden nicht vom Mieter oder seinen Erfüllungsgehilfen schuldhaft verursacht worden ist.

7.2 Darüber hinaus trägt der Mieter die Kosten für kleine Instandhaltungsarbeiten (Kleinreparaturen) an Teilen, die seinem Zugriff häufig ausgesetzt sind, wie Wasserhähne, Schalter, Rollläden, WC- und Badezimmerarmaturen. Der Mieter übernimmt **③** die Kosten bis zu einem Betrag von _____ Euro im Einzelfall; insgesamt besteht **④** die Verpflichtung zur Kostenübernahme nur bis zu einer Summe von _____ Euro pro Jahr.

§ 8 Sorgfaltspflicht des Mieters

8.1 Der Mieter ist verpflichtet, mit der Mietsache pfleglich umzugehen. Das gilt auch für alle Räume, Einrichtungen und Anlagen, die zur gemeinschaftlichen Benutzung zu Verfügung stehen, wie Flure, Treppenhäuser, Fahrstühle, Kellerräume oder Dachböden.

8.2 Der Mieter hat für eine ordnungsgemäße Reinigung sowie für ausreichende Lüftung und Beheizung der Räume zu sorgen.

⑤

_____

_____ .

8.3 Verletzt der Mieter schuldhaft seine Sorgfaltspflicht, so haftet er für sämtliche Schäden. Außerdem haftet er für ein Verschulden seiner Erfüllungsgehilfen. ❶

§ 9 Pflicht zur Mängelanzeige

9.1 Entsteht an der Mietsache irgendein Mangel, der nicht gerade ein Bagatellschaden ist, so ist der Mieter verpflichtet, dies dem Vermieter unverzüglich mitzuteilen. Das ❷ gilt auch für den Fall, dass Vorkehrungen getroffen werden müssen, um eine Gefahr von der Mietsache abzuwenden.

9.2 Ist schnelle Abhilfe erforderlich (Gefahr im Verzug), so ist der Mieter verpflichtet, selbst alles Nötige zu veranlassen, um den Mangel zu beseitigen. Darüber hat er ❸ den Vermieter unverzüglich in Kenntnis zu setzen.

9.3 Unterlässt es der Mieter, den Vermieter über einen Mangel zu informieren, so haftet er für alle Schäden, die dadurch entstehen. Das Gleiche gilt für den Fall, dass Gefahr im Verzug ist und der Mieter nichts unternimmt.

9.4 Kommt der Vermieter seiner Pflicht nicht nach, den angezeigten Mangel zu beseitigen, so ist der Mieter berechtigt, die Miete zu mindern. Befindet sich der Vermieter ❹ mit Mängelbeseitigung in Verzug, ist der Mieter berechtigt, den Mangel selbst zu beseitigen und sich vom Vermieter die Kosten erstatten zu lassen.

§ 10 Schönheitsreparaturen

10.1 Während der Mietzeit, spätestens jedoch bei seinem Auszug übernimmt der Mieter die Schönheitsreparaturen.

10.2 Schönheitsreparaturen beseitigen die Spuren normaler Abnutzung. Zu ihnen ge- ❺ hören das Verstopfen von Bohrlöchern, das Kalken von Räumen, die sachgemäße Pflege der Fußböden, das Streichen von Decken, Wänden, Fenstern, Fensterbänken, Türen, Heizungskörpern und Rohren. Sind die Räume tapeziert, gehört auch das Tapezieren dazu. Fenster und Türen müssen nur von innen gestrichen werden.

Kommentar zum Mietvertrag über Wohnraum

❶ das Verschulden seiner Erfüllungsgehilfen

Der Mieter ist Ihnen gegenüber auch für Schäden verantwortlich, die diejenigen anrichten, die in seinem Auftrag handeln: Bekannte, die ihm beim Renovieren helfen, oder auch Handwerker, die er beauftragt hat. Dabei kann der Mieter durchaus Schadenersatzansprüche gegenüber seinen „Erfüllungsgehilfen" haben; aber das ist dann seine Angelegenheit.

❷ Pflicht zur Mängelanzeige

Auf diesen Punkt sollten Sie Ihren Mieter nachdrücklich hinweisen. Manche Mieter meinen nämlich, sie würden ihrem Vermieter einen Gefallen tun, wenn sie einen Schaden nicht anzeigen. Doch dadurch vergrößert sich der Schaden häufig und so kann es richtig teuer werden. Damit der Mieter in einem solchen Fall „unverzüglich" reagieren kann, muss er natürlich wissen, wie er Sie schnell erreicht.

❸ alles Nötige zu veranlassen, um den Mangel zu beseitigen

In dieser Klausel geht es darum, wie sich der Mieter verhalten soll, wenn Abhilfe dringend geboten ist und er nicht darauf warten kann (und soll), dass Sie ihm die Erlaubnis erteilen zu handeln. In solchen Notsituationen kommt es auf beherztes und schnelles Eingreifen an. Darin sollten Sie Ihren Mieter bestärken. Es versteht sich von selbst, dass Sie dem Mieter bei solchen Noteinsätzen die Kosten erstatten müssen – auch wenn er nicht den günstigsten Handwerksbetrieb damit beauftragt hat, zum Beispiel den Rohrbruch zu beheben. Das bedeutet nicht, dass Sie überhöhte Rechnungen zahlen müssen. Auch können Sie sich weigern, für den Schaden aufzukommen, wenn das Verhalten Ihres Mieters die Gefahr überhaupt erst verursacht hat.

❹ ist der Mieter berechtigt, die Miete zu mindern

Das Recht auf Mietminderung steht Ihrem Mieter in jedem Fall zu – ob Sie es nun in den Mietvertrag hineinschreiben oder nicht. Wenn Sie es ausdrücklich erwähnen, wirkt das einfach sympathischer und erweckt Vertrauen. Denn auf diese Weise erscheint es wie eine Art Selbstverpflichtung, den Mangel auch abzustellen.

❺ Schönheitsreparaturen: Zu ihnen gehören …

Alle Klauseln, die den Mieter darüber hinaus verpflichten wollen, sind unwirksam. Etwa wenn Sie von Ihrem Mieter verlangen würden, den Parkettboden abzuschleifen, Tapeten vom Vormieter zu entfernen, Wandschränke zu streichen oder den Verputz zu erneuern.

Kommentar zum Mietvertrag über Wohnraum

1 Zustand der Mietsache

Der Hinweis auf den Zustand der Räume ist erforderlich, seit der Bundesgerichtshof (BGH) alle Klauseln für unwirksam erklärt hat, die „starre" Fristenregelungen enthalten. Daher auch der Hinweis, dass „im Allgemeinen" die Schönheitsreparaturen nach den besagten Fristen, die der BGH selbst einmal definiert hat, erforderlich sind.

2 Schönheitsreparaturen müssen fachgerecht ausgeführt werden

Wenn Ihr Mieter das möchte, darf er selbst tapezieren und den Pinsel schwingen. Dabei dürfen Sie nicht das Niveau professioneller Handwerker erwarten, aber die Arbeiten müssen in Ordnung sein. Stümperei müssen Sie nicht dulden.

3 Anteil an den Renovierungskosten

Noch haben diese Quotenregelungen Bestand – wenn sie denn den Zustand und Abnutzungsgrad der Räume berücksichtigen, was in unserer Klausel der Fall ist. Doch sind solche Regelungen angreifbar, weil sie eine Genauigkeit voraussetzen, die so gar nicht besteht. Der Mieter kann nur schwer abschätzen, wie viel er wirklich renovieren muss. Es ist daher nicht auszuschließen, dass solche Vereinbarungen für unwirksam erklärt werden. Wollen Sie also auf Nummer sicher gehen, streichen Sie die Klauseln 10.4 und 10.5.

4 die Schönheitsreparaturen ... entsprechend dem Kostenanteil

Hier deutet sich der Kern des Problems an. Manche Mietverträge verpflichten den Mieter darauf, den Kostenanteil entsprechend einem Kostenvoranschlag eines Malerfachbetriebs zu übernehmen. Alternativ wird ihm anheim gestellt, die Arbeiten selbst – komplett – zu übernehmen. Eine solche Regelung dürfte jedoch kaum Bestand haben. Denn erstens ist jede Klausel unwirksam, die den Mieter verpflichtet, einen Fachbetrieb zu beauftragen. Und zweitens wäre es gewiss eine Benachteiligung des Mieters, wenn er bei geringer Abnutzung und/oder Wohndauer genauso viel renovieren müsste wie bei starker Beanspruchung. Daher zur Sicherheit der Zusatz „entsprechend dem Kostenanteil". Damit ist gemeint: Müsste er nur die Hälfte der Kosten für die Renovierung bezahlen, so muss er auch nur die Hälfte der entsprechenden Räumlichkeiten fachgerecht renovieren.

10.3 Die Pflicht, diese Arbeiten durchzuführen, richtet sich nach dem Zustand der Mietsache. Im Allgemeinen werden Schönheitsreparaturen in folgenden Zeitabständen erforderlich sein:

- Küche, Bad und Duschräume – alle drei Jahre
- Wohn- und Schlafräume, Flur, Diele, Toilette – alle fünf Jahre
- Alle anderen Nebenräume – alle sieben Jahre

10.4 Schönheitsreparaturen müssen fachgerecht ausgeführt werden. Kommt der Mieter dieser Verpflichtung nicht nach, so muss der Mieter dem Vermieter die Kosten für die Arbeiten erstatten.

10.5 Endet das Mietverhältnis, bevor die Schönheitsreparaturen fällig sind, so ist der Mieter verpflichtet, einen Anteil an den Renovierungskosten zu übernehmen, der dem Abnutzungsgrad der jeweiligen Räume entspricht. Zieht beispielsweise der Mieter nach vier Jahren aus, so ergibt sich bei einem normalen Abnutzungsgrad der Wohn- und Schlafräume eine Kostenbeteiligung von vier Fünfteln. Befinden sich die Räume jedoch in einem besseren Zustand und entsprechen einer normalen Abnutzung nach drei Jahren, so reduziert sich der Anteil entsprechend auf drei Fünftel.

10.6 Statt Zahlung der anteiligen Kosten ist der Mieter berechtigt, die Schönheitsreparaturen selbst fachgerecht durchzuführen – entsprechend dem Kostenanteil, den er zu übernehmen hätte.

§ 11 Überlassung der Mietsache an Dritte

11.1 Ohne Erlaubnis des Vermieters ist der Mieter nicht berechtigt, die Mietsache einem Dritten zu überlassen, weiterzuvermieten oder unterzuvermieten.　❶

11.2 Verweigert der Vermieter die Erlaubnis, kann der Mieter das Mietverhältnis unter Einhaltung der gesetzlichen Kündigungsfrist kündigen.　❷

11.3 Überlässt der Mieter die Mietsache unbefugt einem Dritten, so ist der Vermieter berechtigt, nach Abmahnung das Mietverhältnis fristlos zu kündigen.

11.4 Gegenüber dem Vermieter hat der Mieter alle Schäden zu vertreten, die der Untermieter verursacht.

11.5 Wenn das Mietverhältnis endet, dann muss der Mieter dafür sorgen, dass der Untermieter mit ihm zusammen die Wohnung räumt.

§ 12 Tierhaltung

12.1 Für die Haltung von Haustieren braucht der Mieter die Erlaubnis des Vermieters.　❸

12.2 Für die Haltung von zahmen Kleintieren ist eine Zustimmung nicht erforderlich, soweit sie artgerecht gehalten werden und sich ihre Anzahl in den üblichen Grenzen hält.　❹

12.3 Wenn ein Tier erheblich stört, Mitbewohner belästigt oder bedroht, kann der Vermieter seine Erlaubnis zurücknehmen. In diesem Fall muss das Tier abgeschafft werden.

12.4 Die Erlaubnis, ein Tier zu halten, bezieht sich auf das bestimmte Tier. Soll nach seinem Ableben ein neues Tier angeschafft werden, bedarf dies wieder der Erlaubnis.

12.5 _____　❺
_____
_____
_____

Kommentar zum Mietvertrag über Wohnraum

① die Mietsache einem Dritten zu überlassen

Wichtige Ausnahme: Möchte Ihr Mieter seine Eltern oder seine Kinder bei sich aufnahmen, dann handelt es sich nicht um ein Untermietverhältnis. Er muss Sie nicht um Erlaubnis fragen. Auch nicht, wenn er von den betreffenden Personen Miete bekommt. Aber wie der BGH festgestellt hat: Beim Lebenspartner muss er das schon tun (Urteil vom 5. November 2003, Az. VIII ZR 371/02).

② unter Einhaltung der gesetzlichen Kündigungsfrist kündigen

Diese Klausel ist nur relevant, wenn Sie eine längere Kündigungsfrist vereinbart haben. Ansonsten kann der Mieter ja ohnehin mit der gesetzlichen Kündigungsfrist von drei Monaten kündigen. Aber das wird er womöglich gar nicht tun, sondern vielmehr sein Recht auf Untervermietung einklagen. Kann Ihr Mieter ein „berechtigtes Interesse" geltend machen, dann hat er Anspruch auf Ihre Erlaubnis. Die können Sie verweigern, wenn „in der Person" des Untermieters „ein wichtiger Grund vorliegt", der es rechtfertigt, dass Sie ihn nicht in Ihrer Mietwohnung dulden. Oder wenn die Wohnung durch die Aufnahme des Untermieters überbelegt ist.

③ Haltung von Haustieren/Erlaubnis des Vermieters

Ihre Erlaubnis können Sie nicht ohne weiteres verweigern. Sie brauchen gute Gründe, etwa wenn mit erheblichen Beeinträchtigungen zu rechnen ist oder es in dem betreffenden Haus unüblich ist, dieses Tier zu halten. Diese Klausel schützt Sie jedoch davor, dass sich der Mieter ein Tier anschafft, ohne sie zu fragen.

④ Haltung von zahmen Kleintieren

Von zahmen Kleintieren wie Ziervögel, Hamster, Meerschweinchen und Co. geht in der Regel keine nennenswerte Beeinträchtigung aus. Es ist fast immer zulässig, sie zu halten – auch ohne Erlaubnis des Vermieters. Formularklauseln, die die Tierhaltung verbieten, sind unwirksam, weil damit auch die Haltung dieser zahmen Kleintiere verboten würde. Folge: Der Mieter dürfte auch andere Haustiere anschaffen.

⑤ 12.5

Welche Tiere zulässig sind, hängt stark vom Einzelfall ab (Wohnverhältnisse, Nachbarn, Ortsüblichkeit). Sie können daher Ihre ganz individuelle Klausel in den Vertrag hineinnehmen und die Haltung bestimmter Tiere von vornherein untersagen. Wenn es sich nicht um Willkür handelt, sondern Gründe dafür vorliegen, sollte diese Klausel Bestand haben.

Kommentar zum Mietvertrag über Wohnraum

1 Verkehrssicherungspflicht

Diese Klausel ist nur sinnvoll, wenn Ihr Mieter für die Sicherheit der Wege auch zuständig ist, beispielsweise weil Sie ein Haus vermieten. In einem Mehrfamilienhaus übernimmt in der Regel ein Hausmeister oder Hausmeisterdienst diese Aufgaben. In diesem Fall streichen Sie diese Klausel.

2 Zustimmung aus wichtigem Grund versagen

Im Prinzip darf Ihr Mieter seine Wohnung so gestalten, wie er will. Mit zwei wichtigen Einschränkungen: Für alles, was über den Innenraum hinausgeht, sind Sie zuständig, also für die Fenster und Türen von außen – und selbstredend für die Fassade. Zweitens darf er nur mit Ihrer Erlaubnis Änderungen vornehmen, die sich nur mit einem gewissen Aufwand oder gar nicht rückgängig machen lassen. Solche Änderungen können Sie durchaus untersagen. Und bevor Sie Ihre Zustimmung geben, sollten Sie sich schriftlich zusichern lassen, dass der Mieter bei seinem Auszug den Originalzustand wieder herstellt, wenn Sie das wünschen.

3 Der Vermieter darf nach rechtzeitiger Ankündigung die Mietsache betreten

Wenn Sie sich das Betretungsrecht sichern, bedeutet dies keinesfalls, dass Sie einen Schlüssel zurückbehalten dürfen, um hin und wieder nach dem Rechten zu sehen. Vielmehr müssen Sie sich anmelden und Ihr Mieter muss Sie in die Wohnung lassen. Sonst begehen Sie womöglich Hausfriedensbruch.

4 In dringenden Fällen

Die Dringlichkeit muss ohne jeden Zweifel gegeben sein, sonst dürfen Sie nicht in die Wohnung. Es muss Gefahr im Verzug sein, etwa weil ein Wasserschaden droht oder der begründete Verdacht besteht, dass ein Elektrogerät noch eingeschaltet ist (Brandgeruch). Auch eine längere unangekündigte Abwesenheit des Mieters kann es rechtfertigen, dass Sie in der Wohnung nach dem Rechten sehen. Aber selbst dann dürfen Sie nicht einfach mit einem Nachschlüssel in die Wohnung (einen Nachschlüssel dürfen Sie nur mit ausdrücklicher Genehmigung Ihres Mieters behalten!), sondern Sie müssen einen Schlüsseldienst beauftragen.

§ 13 Verkehrssicherungspflicht

Der Mieter verpflichtet sich, auf und vor dem Grundstück die Gehwege regelmäßig zu reinigen und von Schnee und Eis freizuhalten oder zu streuen. Insoweit übernimmt der Mieter die Verkehrssicherungspflicht.

§ 14 Veränderungen der Mietsache durch den Mieter

Veränderungen an der Mietsache wie etwa Um- und Einbauten, Installationen, Anstrich oder Lackierung darf der Mieter nur mit schriftlicher Erlaubnis des Vermieters vornehmen. Der Vermieter kann seine Zustimmung aus wichtigem Grund versagen. Und er kann sie davon abhängig machen, dass der Mieter sich verpflichtet, bei seinem Auszug den früheren Zustand auf seine Kosten wiederherzustellen.

§ 15 Betreten der Mietsache

15.1 Der Vermieter darf nach rechtzeitiger Ankündigung die Mietsache betreten, um ihren Zustand zu prüfen oder Messgeräte abzulesen. Das gilt auch, wenn der Verdacht besteht, dass der Mieter die Mietsache vertragswidrig nutzt oder seine Obhuts- und Sorgfaltspflichten grob vernachlässigt.

15.2 Soll die Wohnung verkauft oder weitervermietet werden, ist der Vermieter berechtigt, nach rechtzeitiger Ankündigung die Räume den Interessenten zu zeigen.

15.3 Der Vermieter kann sein Betretungsrecht einem Beauftragten übertragen.

15.4 Der Mieter ist verpflichtet, nach rechtzeitiger Ankündigung die Mietsache für Handwerker, Angehörige des Messdienstes und Sachverständige, die ein Gutachten erstellen, zugänglich zu halten.

15.5 In dringenden Fällen kann der Vermieter die Mietsache auch ohne Vorankündigung und bei Abwesenheit des Mieters betreten, um Schaden abzuwenden.

§ 16 Hausordnung

Die Hausordnung ist Bestandteil des Mietvertrags. Sie liegt als Anlage dem Vertrag bei. ❶

§ 17 Duldungspflicht des Mieters

17.1 Reparaturarbeiten und Maßnahmen, die zur Erhaltung der Bausubstanz durchgeführt werden, muss der Mieter dulden. Ebenso wie die Umsetzung behördlicher Auflagen sowie Maßnahmen zur Modernisierung, die den Gebrauchswert der Wohnung erhöhen oder Einsparungen von Energie oder Wasser ermöglichen.

17.2 In diesen Fällen hat der Mieter die betreffenden Räume zugänglich zu halten. Er darf die Arbeiten nicht behindern oder verzögern. Sonst muss er für die entstandenen Schäden aufkommen.

§ 18 Rückgabe der Mietsache

18.1 Nach Beendigung des Mietverhältnisses hat der Mieter die Mietsache vollständig ❷ geräumt und gereinigt zurückzugeben. Die erforderlichen Schönheitsreparaturen (§ 10) müssen abgeschlossen sein. Alle Schlüssel, auch die vom Mieter selbst beschafften, müssen dem Vermieter ausgehändigt werden. Hat der Mieter oder einer seiner Erfüllungsgehilfen die Mietsache beschädigt, so muss der Schaden beseitigt sein.

18.2 Hat der Mieter die Wohnung mit Einrichtungen versehen, so ist er berechtigt, diese ❸ wegzunehmen. Der Vermieter kann die Ausübung dieses Wegnahmerechts verhindern, indem er dem Mieter eine angemessene Entschädigung zahlt. Hat der Mieter jedoch ein berechtigtes Interesse an der Wegnahme der Einrichtungen, kann der Vermieter dies nicht verhindern.

18.3 Setzt der Mieter nach Ablauf der Mietzeit den Gebrauch der Mietsache fort, gilt das ❹ Mietverhältnis als nicht verlängert. § 545 BGB findet keine Anwendung.

Kommentar zum Mietvertrag über Wohnraum

① Hausordnung ... Bestandteil des Mietvertrags

Ist die Hausordnung Bestandteil des Mietvertrags, so lässt sie sich später nicht mehr ohne weiteres abwandeln. Denn der Mietvertrag lässt sich nicht einseitig verändern. Auf der anderen Seite bekommt die Hausordnung erheblich mehr Gewicht, wenn sie Teil des Mietvertrags ist.

② Nach Beendigung des Mietverhältnisses hat der Mieter

Wenn Sie den Vertrag durchgehen, machen Sie Ihren Mieter auf diesen Punkt aufmerksam: Er ist derjenige, der sich um die Rückgabe der Wohnung kümmern muss. Er darf nicht einfach ausziehen und die Schlüssel in Ihren Briefkasten werfen.

③ Hat der Mieter die Wohnung mit Einrichtungen versehen

Einbauschränke, Einbauküche, Teppichboden oder Parkett: Nur in den seltensten Fällen wollen Mieter solche Einrichtungen wirklich „wegnehmen", sondern sie wollen eine Entschädigung dafür. Sie haben einiges dafür investiert, aber ein Ausbau wäre mühsam und teuer. Ihr Mieter kann daher keine üppige Entschädigung erwarten. Ist die Einrichtung brauchbar, bieten Sie ihm einen fairen Betrag an. Lässt er sich darauf nicht ein, fordern Sie ihn auf, die Einbauten zurückzunehmen und den Originalzustand wiederherzustellen.

④ § 545 BGB

Der Paragraf betrifft die „stillschweigende Verlängerung des Mietverhältnisses" und besagt: „Setzt der Mieter nach Ablauf der Mietzeit den Gebrauch der Mietsache fort, so verlängert sich das Mietverhältnis auf unbestimmte Zeit, sofern nicht eine Vertragspartei ihren entgegenstehenden Willen innerhalb von zwei Wochen dem anderen Teil erklärt." Anders gesagt: Bleibt der Mieter nach einer Kündigung einfach wohnen, könnte sich das Mietverhältnis „stillschweigend" verlängern, wenn Sie nicht noch einmal ausdrücklich betonen, dass es für Sie beendet ist. Diese Klausel dient der Absicherung, dass der Mieter nicht auf Zeit spielt, um auch nach einer Kündigung möglichst lange bei Ihnen wohnen zu bleiben.

Kommentar zum Mietvertrag über Wohnraum

❶ Sonstige Vereinbarungen

Hier können Sie die „individuellen Vereinbarungen" festhalten, die auf die Besonderheiten Ihrer Mietsache zugeschnitten sind. Wenn der empfindliche Parkettboden durch bestimmte Mittel gepflegt werden muss, wenn einzelne Räume stärker belüftet werden müssen oder der Haustürschlüssel zu einer zentralen Schließanlage gehört, sodass der Verlust des Schlüssels womöglich den Austausch sämtlicher Haustürschlösser in der Wohnlage nach sich zieht – all das gehört hierher.

Darüber hinaus können Sie Ihrem Mieter Verpflichtungen auferlegen, die als Formularklausel unwirksam wären. Allerdings gilt dies nur, wenn klar erkennbar ist, dass die Klausel „ausgehandelt" wurde, also auch der Mieter seine Interessen einbringen konnte.

Kommen Sie mit dem Platz nicht aus, dann weisen Sie an dieser Stelle auf eine weitere Anlage zum Mietvertrag hin, die ebenfalls Bestandteil des Mietvertrags ist.

❷ Mündliche Nebenabreden

Ein Mietvertrag muss nicht schriftlich geschlossen und im Prinzip kann er auch mündlich geändert werden. Das Problem dabei ist natürlich, dass Sie im Streitfall schwer beweisen können, was Sie mit dem Mieter verabredet haben. Und im Zweifel bekommt meist der Mieter Recht. Daher sollten Sie alle Vereinbarungen schriftlich fixieren und sich mit dieser Klausel zusätzlich absichern. Ihr Mieter kann dann schwerlich irgendwelche Ansprüche damit begründen, Sie hätten eine Sache mündlich vereinbart.

❸ Datum

Das Datum des Mietvertrags ist nicht der Beginn des Mietverhältnisses. Das beginnt erst, wenn Ihr Mieter die Wohnung in Besitz nimmt, sprich: wenn Sie ihm die Schlüssel übergeben. Achten Sie unbedingt darauf, dass Sie den Mietvertrag abschließen, bevor das Mietverhältnis beginnt.

§ 19 Sonstige Vereinbarungen

_____

_____

_____

_____

_____

_____

_____

_____

_____

_____

§ 20 Schlussbestimmungen

Ist eine Vertragsklausel unwirksam, so berührt das nicht die Wirksamkeit der übrigen Vertragsklauseln. Andere als die in diesem Vertrag getroffenen Vereinbarungen bestehen nicht. Mündliche Nebenabreden wurden nicht getroffen. Änderungen und Ergänzungen des Mietvertrags müssen schriftlich vereinbart werden.

_____, den _____

(Ort, Datum)

_____   _____

(Unterschrift[en] Mieter)   (Unterschrift[en] Vermieter)

Kommentar zum Garagenmietvertrag

1 § 1 Mietgegenstand

Wichtig ist, dass Sie das Objekt genau bezeichnen, sodass zweifelsfrei feststeht, um welche Garage, welches Tiefgaragenabteil oder welchen Stellplatz es sich handelt. Tun Sie das nicht, ist Ihr Vertrag womöglich unwirksam.

2 1.2 Die Garage/der Stellplatz

Auch wenn „Garagenmietvertrag" drübersteht: Legen Sie den Zweck fest. Sonst kann es Ihnen passieren, dass Ihr Mieter ohne Ihre Erlaubnis dort ein Lager einrichtet oder die Garage als Werkstatt nutzt.

3 1.3 Zwischen den Parteien besteht Einigkeit

Sehr hilfreich: Trennen Sie ausdrücklich Wohnraum- und Garagenmietvertrag. Damit machen Sie sich von Ihrem Wohnraummieter unabhängig. Und Sie haben ein gewisses Druckmittel in der Hand, denn ein Garagenmietvertrag lässt sich weit einfacher kündigen als einer über Wohnraum.

4 § 2 Mietzeit und Kündigung

Sie können den Mietvertrag von vornherein befristen. Das erscheint aber nur sinnvoll, wenn auch der Wohnraummietvertrag zeitlich befristet ist oder wenn Sie die Garage nach Ablauf der Frist anderweitig nutzen wollen.

5 2.2 Der Vermieter kann das Mietverhältnis fristlos kündigen

Sie sind frei, die Kündigungsfrist selbst festzulegen. Auch eine Vereinbarung, dass nur zum Quartalsende gekündigt werden darf, ist möglich, wenn auch nicht immer sinnvoll.

Garagenmietvertrag

Zwischen

_____ (Vorname, Name)

in: _____ (Adresse)

im Folgenden „Vermieter" genannt

und

_____ (Vorname, Name)

in: _____ (Adresse)

im Folgenden „Mieter" genannt

wird folgender Mietvertrag über eine Garage geschlossen:

§ 1 Mietgegenstand

1.1a Vermietet wird die Garage Nummer _____, die zum Anwesen in der _____ _____ (Straße, Hausnummer) in _____ (Ort) gehört.

1.1b Vermietet wird der Pkw-Stellplatz Nummer _____, der sich in der Tiefgarage des Anwesens in der _____ (Straße, Hausnummer) in _____ (Ort) befindet.

1.1c Vermieter wird der Stellplatz Nummer _____, der sich auf dem Grundstück des Anwesens in der _____ (Straße, Hausnummer) in _____ (Ort) befindet.

1.2 Die Garage/der Stellplatz dient dem Abstellen eines Pkw. Eine anderweitige Nutzung bedarf der schriftlichen Einwilligung des Vermieters.

1.3 Zwischen den Parteien besteht Einigkeit darüber, dass dieses Mietverhältnis rechtlich selbstständig ist gegenüber dem Wohnraummietverhältnis, das gleichfalls zwischen den Parteien besteht. Beide Mietverhältnisse können unabhängig voneinander gekündigt werden.

§ 2 Mietzeit und Kündigung

2.1a Das Mietverhältnis beginnt am _____ und läuft auf unbestimmte Zeit.

2.1b Das Mietverhältnis beginnt am _____ und endet am _____.

2.2 Das Mietverhältnis kann von beiden Parteien mit einer Frist von _____ Monaten gekündigt werden. Die Kündigung muss schriftlich erfolgen.

2.3 Der Vermieter kann das Mietverhältnis fristlos kündigen, wenn der Mieter die Garage vertragswidrig nutzt, wenn er mit der Miete mit einem Betrag im Rückstand ist, der zwei Monatsmieten entspricht, oder wenn er die Garage einem Dritten ohne Zustimmung des Vermieters entgeltlich überlässt.

§ 3 Miete und Zahlungsweise

Die Miete beträgt _____ Euro monatlich. Sie ist im Voraus zu bezahlen und muss spätestens am dritten Werktag jedes Monats auf dem Konto des Vermieters bei der _____ eingehen, Kontonummer: _____ BLZ: _____.

§ 4 Pflichten des Mieters

4.1   Der Mieter ist verpflichtet, die einschlägigen behördlichen Vorschriften zu beachten, insbesondere Betriebsstoffe oder feuergefährliche Gegenstände nicht in der Garage zu lagern, die Garage nicht mit Feuer oder offenem Licht zu betreten und den Motor nicht bei geschlossener Garage laufen zu lassen. Darüber hinaus ist der Mieter zur Rücksichtnahme auf Hausbewohner und andere Garagenbenutzer verpflichtet. Der Mieter haftet für alle Schäden, die durch Nichtbeachtung dieser Verpflichtungen durch ihn oder seine Erfüllungsgehilfen entstehen.

4.2   Darüber hinaus verpflichtet sich der Mieter _____
_____.

§ 5 Rückgabe der Mietsache

Nach Beendigung des Mietverhältnisses hat der Mieter die Mietsache vollständig geräumt und besenrein zurückzugeben. Vom Mieter oder dessen Erfüllungsgehilfen schuldhaft verursachte Beschädigungen sind zu beseitigen. Alle Schlüssel, auch die vom Mieter selbst beschafften, sind dem Vermieter zu übergeben

§ 6 Weitere Vereinbarungen

_____

_____

_____

§ 7 Schlussbestimmung

Andere als die in diesem Vertrag getroffenen Vereinbarungen bestehen nicht. Mündliche Nebenabreden wurden nicht getroffen. Änderungen oder Ergänzungen dieses Vertrags bedürfen der Schriftform.

_____, den _____

(Ort, Datum)

_____   _____

(Unterschrift Mieter)   (Unterschrift Vermieter)

Kommentar zum Garagenmietvertrag

6 § 4 Pflichten des Mieters

Sichern Sie sich ab, dass der Mieter keine gefährlichen Stoffe in der Garage lagert oder in anderer Weise Ihr Eigentum gefährdet. Darüber hinaus können Sie ihm unter 4.2 Pflichten auferlegen, die sich aus der Besonderheit Ihrer Garage ergeben, zum Beispiel das Verbot, den Wagen zu waschen.

7 § 6 Weitere Vereinbarungen

Hier können Sie weitere Absprachen festhalten oder wichtige Hinweise zur Benutzung unterbringen.

Kommentar zum Untermietvertrag über Wohnraum

① Untermietvertrag

Ein echtes Untermietverhältnis setzt voraus, dass Sie Hauptmieter sind, die Wohnung noch bewohnen und Teile davon dem Untermieter überlassen. Davon zu unterscheiden sind die beiden folgenden Mietverhältnisse.

- Zwischenmiete: Sie selbst nutzen Ihre Wohnung zeitweilig nicht und überlassen sie für diesen Zeitraum einem Dritten. Eine Zwischenvermietung kann Ihnen Ihr Vermieter untersagen. Bei einer Zwischenvermietung können Sie diesen Mustervertrag benutzen, Sie müssen ihn nur an einzelnen Stellen abändern, zum Beispiel bei der Kündigung.

- Weitervermietung: Sie bleiben Hauptmieter, wohnen aber ganz woanders. Auch das kann Ihnen Ihr Vermieter untersagen. Im Unterschied zur Zwischenmiete ist die Weitervermietung nicht befristet; es gilt die längere Kündigungsfrist von drei Monaten.

② vom Untervermieter selbst bewohnt

Bei echten Untermietverhältnissen ist diese Formulierung zwingend erforderlich. Bei einer Zwischen- oder Weitervermietung müssen Sie diesen Satz streichen.

③ mit einer Größe von

Diese Angabe sollte stimmen. Weicht sie um zehn Prozent oder mehr ab, könnte Ihr Untermieter die Miete mindern. Die Quadratmeterzahl erlaubt es ihm, die Miete zu vergleichen (Miete pro Quadratmeter). Daher ist diese Angabe erforderlich.

④ Einrichtungsgegenstände

Führen Sie Mobiliar und Einrichtung vollständig auf. Genügt der Platz nicht, weisen Sie an dieser Stelle auf eine Anlage hin, die Sie beifügen. Ebenfalls wichtig: Die verkürzte Kündigungsfrist (siehe Seite 55) bezieht sich vor allem auf möblierte Zimmer. Denn die lassen sich schneller räumen, als wenn der Untermieter eigenes Mobiliar aus der Wohnung schaffen muss.

⑤ Einrichtungsgegenstände werden mitvermietet

Damit sind Sie auch verpflichtet, Ersatz zu leisten, falls einer dieser Gegenstände – ohne Verschulden des Untermieters – nicht mehr zu nutzen ist, zum Beispiel das Fernsehgerät.

① # Untermietvertrag über Wohnraum

Zwischen

_____ (Vorname, Name)

in: _____ (Adresse)

im Folgenden „Vermieter" genannt

und

_____ (Vorname, Name)

in: _____ (Adresse)

im Folgenden „Untermieter" genannt

wird folgender Vertrag über Untermiete geschlossen:

§ 1 Mietgegenstand

1.1   Der Untervermieter ist Hauptmieter der Wohnung/des Hauses in _____
_____ (Straße, Hausnummer, ggf. Etage, Wohnort).

② Diese Wohnung wird vom Untervermieter selbst bewohnt. Der Untervermieter vermietet an den Untermieter folgende(n) Raum/Räume: _____

③ _____ mit einer Größe von ca. _____ m².

④ 1.2   Diese(r) Raum/Räume ist/sind mit folgenden Einrichtungsgegenständen ausgestattet:

_____

_____

_____

_____

⑤ Diese Einrichtungsgegenstände werden mitvermietet.

1.3 Der Untermieter ist berechtigt, Küche, Bad und WC mitzubenutzen. Dabei sind ❻
beide Vertragsparteien verpflichtet, aufeinander Rücksicht zu nehmen.

1.4 Der Untermieter erhält für die Dauer der Mietzeit folgende Schlüssel: ___ Haustürschlüssel, ___ Wohnungsschlüssel, ___ Kellerschlüssel, ___ Briefkastenschlüssel
und ___ Zimmerschlüssel sowie _____. Mit Einwilligung
des Untervermieters darf der Untermieter zusätzliche Schlüssel anfertigen lassen,
die bei Rückgabe der Mietsache an den Untervermieter herauszugeben sind.

§ 2 Mietzeit

2a Das Untermietverhältnis beginnt am _____. Es läuft auf unbestimmte Zeit und
kann von beiden Parteien spätestens am 15. jedes Monats zum Monatsende gekün- ❼
digt werden. Die Kündigung muss schriftlich erfolgen.

2b Das Untermietverhältnis ist befristet. Es beginnt am _____ und endet am ❽
_____. Soll es bis zu diesem Zeitpunkt fortgesetzt werden, ist eine Kündigung
nicht erforderlich. Ansonsten kann das Untermietverhältnis von beiden Parteien
spätestens am 15. jedes Monats zum Monatsende vorzeitig gekündigt werden.

§ 3 Miete

3.1 Die Miete beträgt monatlich _____ Euro. Sie ist im Voraus zu bezahlen und muss
spätestens am dritten Werktag des betreffenden Monats beim Vermieter eingehen.

3.2a Sie ist bar zu entrichten/auf das Konto des Untervermieters bei der _____ ❾
_____ (Name der Bank) zu überweisen; Kontonummer
_____ BLZ: _____.

3.2b Der Untermieter erklärt sich bereit, dass die Zahlungen bei Fälligkeit im Lastschriftverfahren von seinem Konto abgebucht werden. Deshalb erteilt er dem Untervermieter eine Einzugsermächtigung für sein Konto bei der _____
_____ (Name der Bank), Kontonummer: _____
BLZ: _____

Kommentar zum Untermietvertrag über Wohnraum

6 **Der Untermieter ist berechtigt, Küche, Bad und WC mitzubenutzen**

Genauere Vereinbarungen über die Nutzung der Räume, die Ihnen und dem Untermieter zu Verfügung stehen, sollten Sie in den „sonstigen Vereinbarungen" festhalten: So können Sie bestimmte Zeiten für die Nutzung verabreden oder dem Untermieter bestimmte Fächer oder Schränke zuweisen.

7 **spätestens am 15. jedes Monats zum Monatsende**

Diese äußerst kurze Kündigungsfrist gilt nur für das klassische Untermietverhältnis, wenn Sie mit dem Untermieter die Wohnung teilen. Ist das nicht der Fall, verlängert sich die Kündigungsfrist auf drei Monate. Das sollten Sie in Ihrem Mietvertrag unbedingt korrigieren – damit die längere Kündigungsfrist auch für Ihren Untermieter gilt. Auch was den Kündigungsgrund betrifft, können Sie sich von einem klassischen Untermieter wesentlich leichter trennen als von jemandem, dem Sie die Wohnung überlassen haben. Sie brauchen keinen „berechtigen Grund" wie Eigenbedarf, um ordentlich zu kündigen.

8 **Das Untermietverhältnis ist befristet**

Wenn Sie dem Untermieter Ihre Wohnung zum vorübergehenden Gebrauch überlassen, muss er zum festgesetzten Termin ausziehen. Wohnen Sie selbst in dieser Zeit nicht in der Wohnung, tragen Sie eine Kündigungsfrist von drei Monaten ein. Natürlich können Sie auch ein klassisches Untermietverhältnis befristen. In diesem Fall gilt die verkürzte Kündigungsfrist.

9 **Die Miete ist bar zu entrichten**

Ansonsten ist Barzahlung absolut unüblich, aber bei einem „klassischen Untermietverhältnis" können Sie das durchaus vereinbaren. Allerdings sollten Sie daran denken, dass sich der Zahlungseingang per Banküberweisung besser dokumentieren und kontrollieren lässt.

Kommentar zum Untermietvertrag über Wohnraum

10 Pauschale

Bei einem kleinen und/oder kurzfristigen „Mietverhältnis" wie der Untermiete empfiehlt es sich, für die Nebenkosten eine Pauschale zu vereinbaren. Das erspart Ihnen
Rechnerei und Nachforderungen. Und auch Ihrem Untermieter ist diese Lösung vermutlich am liebsten, kann er doch genau kalkulieren, was ihn das Zimmer kostet.
Und sollten Sie sich bei der Kalkulation der Pauschale verschätzt haben, so lässt sich
ein klassischer Untermietvertrag leicht wieder kündigen und ein neuer aufsetzen:
mit einer höheren Nebenkostenpauschale.

11 Über Wasser/Strom/Gas wird hingegen abgerechnet

Wenn Sie über die Verbrauchskosten abrechnen, verhindert das den unangenehmen
Nebeneffekt, den eine Pauschale hat: Verschwendung. Allerdings sollten Sie entsprechende Zwischenzähler haben, die den Verbrauch Ihres Untermieters erfassen.

12 Der Untermieter beteiligt sich an den Vorauszahlungen

Eine Lösung, die oft von Wohngemeinschaften praktiziert wird: Die Hauptmieter bekommt von seinem Vermieter eine Abrechnung, die er intern mit seinen Mitbewohnern verrechnet. Das wirkt fair, kann aber in der Praxis einige Probleme mit sich
bringen: Wenn nämlich ein oder gar mehrere Untermieter während einer Abrechnungsperiode ein- und ausziehen, wird die korrekte Abrechnung schnell sehr kompliziert. Auch kann es Schwierigkeiten geben, wenn der Vermieter nicht abrechnet
oder Ihr Untermieter mit der Abrechnung nicht einverstanden ist und von Ihnen
Geld zurückfordert.

13 Kaution in Höhe von _____ Euro

Wie hoch Sie die Kaution ansetzen, hängt ganz von den Umständen ab: Vermieten
Sie wertvolle Einrichtungsgegenstände mit, sollten Sie die Kaution etwas höher kalkulieren. In Einzelfällen können Sie sehr wertvolle Dinge durch eine eigene Sicher-
heitsleistung schützen. Ansonsten gilt aber, dass bei echten Untermietverhältnissen
die gesetzliche Grenze von drei Monatsmieten selten ausgeschöpft wird. Ein bis zwei
Monatsmieten sind eher üblich, zumal auch die Kündigungsfrist deutlich kürzer aus-
fällt als bei vollwertigen Mietverhältnissen.

§ 4 Nebenkosten

Zusätzlich zu der unter § 3 vereinbarten Miete trägt der Untermieter die auf ihn entfallenden Nebenkosten. Als Nebenkosten gelten die Betriebskosten im Sinne von § 2 der Betriebskostenverordnung. Eine Aufstellung liegt diesem Mietvertrag als Anlage bei.

⑩ 4a Hierfür entrichtet der Untermieter eine Pauschale in Höhe von _____ Euro pro Monat. Damit sind die Nebenkosten abgegolten. Eine Abrechnung erfolgt nicht. Erhöhen sich die Nebenkosten, ist der Untervermieter berechtigt, die Pauschale entsprechend anzuheben.

4b Der Untermieter zahlt für die verbrauchsunabhängigen Nebenkosten eine monatliche
⑪ Pauschale in Höhe von _____ Euro. Über Wasser/Strom/Gas wird hingegen abgerechnet. Hierfür leistet er eine monatliche Vorauszahlung in Höhe von _____ Euro.

⑫ 4c Der Untermieter beteiligt sich an den Vorauszahlungen für die Nebenkosten, die der Untervermieter als Hauptmieter zu entrichten hat. Und zwar gemäß seinem Anteil an der Wohnfläche (_____ m^2 von _____ m^2 = _____ Prozent). Demnach beträgt seine Vorauszahlung monatlich _____ Euro (von _____ Euro). Über die Nebenkosten rechnet der Untervermieter ab, sobald er eine ordnungsgemäße Abrechnung von seinem Vermieter erhalten hat. Eine Erstattung wird an den Untermieter seinem Anteil gemäß ausgezahlt, eine Nachzahlung muss er seinem Anteil gemäß an den Untervermieter leisten.

§ 5 Kaution

5.1 Der Untermieter zahlt an den Untervermieter bei Beginn des Mietverhältnisses eine
⑬ Kaution in Höhe von _____ Euro, um die Verpflichtungen aus dem Mietverhältnis abzusichern.

5.2 Der Untermieter ist berechtigt, die Kaution in drei Monatsraten zu bezahlen. Die erste Rate ist zu Beginn fällig, die nächsten Raten in den beiden Folgemonaten. Sie sind zusammen mit der Miete zu entrichten und spätestens am dritten Werktag des betreffenden Monats fällig.

5.3 Der Untervermieter legt die Kaution getrennt von seinem Vermögen an. Der Betrag wird mit dem Satz verzinst, der für Spareinlagen mit dreimonatiger Kündigungsfrist üblich ist. Die Zinsen stehen dem Untermieter zu und erhöhen die Sicherheit.

§ 6 Sorgfaltspflicht

6.1 Der Untermieter verpflichtet sich, die Wohnung und die hauseigenen Einrichtungen pfleglich zu behandeln und die Räume ausreichend zu beheizen und zu belüften.

6.2 Mängel sind dem Untervermieter unverzüglich anzuzeigen.

6.3 Der Untermieter haftet für alle Schäden, die er schuldhaft verursacht. Er haftet auch für das Verschulden seiner Erfüllungsgehilfen.

6.4 Ist der Untermieter für längere Zeit abwesend, muss er dafür sorgen, dass seine ⑭ Räumlichkeiten zugänglich bleiben. Ansonsten muss er für alle Schäden und den Schlüsseldienst aufkommen.

§ 7 Schönheitsreparaturen ⑮

7.1 Während der Mietzeit, spätestens jedoch bei seinem Auszug übernimmt der Untermieter für seinen Raum/seine Räume die Schönheitsreparaturen.

7.2 Schönheitsreparaturen beseitigen die Spuren normaler Abnutzung. Zu ihnen gehören das Verstopfen von Bohrlöchern, das Kalken von Räumen, die sachgemäße Pflege der Fußböden, das Streichen von Decken, Wänden, Fenstern, Fensterbänken, Türen, Heizungskörpern und Rohren. Sind die Räume tapeziert, gehört auch das Tapezieren dazu. Fenster und Türen müssen nur von innen gestrichen werden.

7.3 Die Pflicht, diese Arbeiten durchzuführen, richtet sich nach dem Zustand der vom Untermieter genutzten Räume. Im Allgemeinen werden Schönheitsreparaturen in ⑯ folgenden Zeitabständen erforderlich sein:

- Küche, Bad und Duschräume – alle drei Jahre

- Wohn- und Schlafräume, Flur, Diele, Toilette – alle fünf Jahre

- Alle anderen Nebenräume – alle sieben Jahre

7.4 Der Untermieter hat für die Schönheitsreparaturen in dem/den von ihm allein genutzten Raum/Räumen selbst zu sorgen. An den Schönheitsreparaturen in den ⑰ übrigen Räumen beteiligt er sich gemäß seinem Anteil an der Wohnfläche und dem Zustand der Räume.

§ 8 Tierhaltung

8a Der Untermieter ist berechtigt, zahme Kleintiere zu halten. Alle anderen Haustiere dürfen nur mit Zustimmung des Untervermieters gehalten werden.

8b Das Halten von Haustieren ist dem Untermieter nicht gestattet. ⑱

Kommentar zum Untermietvertrag über Wohnraum

14 für längere Zeit abwesend

Bei echten Untermietverhältnissen bietet es sich natürlich an, dass der Untermieter Ihnen den Schlüssel hinterlässt. Aber Sie haben keinen Anspruch darauf. Und Sie dürfen nicht ohne seine Erlaubnis seine Räumlichkeiten betreten – es sei denn, es ist Gefahr im Verzug.

15 Schönheitsreparaturen

Soll das Untermietverhältnis nur kurzfristig bestehen (beispielsweise ein Jahr), denken Sie darüber nach, ob Sie diesen Paragrafen nicht ersatzlos streichen. Ihr Untermieter müsste bei einer so kurzen Mietzeit ohnehin nicht renovieren – für Beschädigungen muss er sowieso geradestehen. Er kann Ihnen keine soßenfleckige Tapete hinterlassen, sondern muss solche Spuren beseitigen, zum Beispiel indem er die Wände streicht.

16 vom Untermieter genutzten Räume

Selbstverständlich können Sie Ihren Untermieter nicht verpflichten, Schönheitsreparaturen zu übernehmen, die eigentlich Sie durchführen müssten.

17 An den Schönheitsreparaturen in den übrigen Räumen beteiligt er sich

Wenn der Untermieter die anderen Räume mitbenutzt, dann soll er sich auch an den Schönheitsreparaturen beteiligen, zu denen Sie als Hauptmieter verpflichtet sind. Soweit die schlüssige Idee hinter dieser Klausel. In der Praxis ist es allerdings gar nicht so einfach, sie umzusetzen. Denn wer entscheidet, wer was renovieren muss? Sie kommen gar nicht umhin, sich „irgendwie" gütlich zu einigen. Wie diese Einigung aussieht, lässt sich nicht im Vorhinein im Untermietvertrag festlegen. Versuchen Sie das trotzdem, dann riskieren Sie, dass die gesamte Klausel unwirksam ist.

18 Das Halten von Haustieren ... nicht gestattet

Einem Untermieter die Tierhaltung generell zu verbieten ist zwar möglich. Doch wird dazu in aller Regel noch eine individuelle Vereinbarung notwendig sein (handschriftliche Ergänzung unter den „sonstigen Vereinbarungen" in § 11). Hier sollten Sie das Verbot näher erläutern (etwa „Fische" und „zahme Kleintiere" erlaubt) und womöglich auch begründen (zu erwartende Beeinträchtigungen, Allergie). Wenn Sie in der Wohnung wohnen, können Sie dem Untermieter auch die Haltung von Tieren untersagen, die sonst als zulässig gelten.

Kommentar zum Untermietvertrag über Wohnraum

19 In dringenden Fällen

Auch im Untermietverhältnis gilt der Grundsatz, dass Sie nicht ohne Erlaubnis die Räumlichkeiten Ihres Untermieters betreten dürfen. Es sei denn, es ist Gefahr im Verzug und Sie können den Schaden abwenden.

20 § 545 BGB

Der Paragraf betrifft die „stillschweigende Verlängerung" des Mietverhältnisses, wenn Sie dem nicht in einer Frist von zwei Wochen widersprechen. Da Ihnen das auch bei einem Untermietverhältnis blühen kann, sollten Sie vorsorglich diese Klausel in Ihren Vertrag aufnehmen.

21 Sonstige Vereinbarungen

Hier können Sie Besonderheiten Ihrer Mietsache sowie die damit verbundenen Rechte und Pflichten festhalten. Was darf Ihr Untermieter nutzen? Küche, Fernsehzimmer, Internetanschluss? Und unter welchen Voraussetzungen? Welche Aufgaben übernimmt er? Soll die Tierhaltung gänzlich untersagt werden, sollten Sie das hier wie erwähnt unbedingt noch einmal festhalten. Auch können Sie eine Vereinbarung über das Rauchen treffen.

22 Mündliche Nebenabreden

Gerade im klassischen Untermietverhältnis sind mündliche Vereinbarungen häufig. Hier gilt es aufzupassen, denn im Prinzip lässt sich ein Mietvertrag auch mündlich abändern. Beide Seiten einigen sich auf ein bestimmtes Vorgehen und schon gilt das als vereinbart. Dieses unförmliche Vorgehen hat auch seine Vorzüge, doch um Ihre Ansprüche durchzusetzen, brauchen Sie Sicherheit. Daher verlangt diese Klausel, alle Absprachen schriftlich zu fixieren, damit sie wirklich gelten. Treffen Sie also weitere Vereinbarungen, halten Sie diese schriftlich fest. Selbstverständlich müssen beide Vertragsparteien dieses Schriftstück auch unterzeichnen, damit es gültig ist.

§ 9 Zutritt zur Mietsache

9.1 Nach rechtzeitiger Ankündigung ist der Untervermieter berechtigt, die gemieteten Räumlichkeiten zu betreten, um sich ein Bild über den Zustand zu machen.

9.2 Der Untermieter hat Handwerkern und Angehörigen des Messdienstes Zutritt zu gewähren. Ist das Untermietverhältnis gekündigt, gilt das auch für Mietinteressenten und den Untervermieter.

⑲ 9.3 In dringenden Fällen darf der Untervermieter oder sein Vertreter auch ohne Vorankündigung und bei Abwesenheit des Untermieters die Räume betreten, um Gefahr abzuwenden.

§ 10 Rückgabe

10.1 Bei Beendigung des Untermietverhältnisses hat der Untermieter die Mietsache vollständig geräumt und gereinigt zurückzugeben. Die erforderlichen Schönheitsreparaturen (gemäß § 7) müssen abgeschlossen sein. Alle Schlüssel, auch die vom Mieter selbst beschafften, müssen dem Vermieter ausgehändigt werden. Hat der Untermieter oder einer seiner Erfüllungsgehilfen die Mietsache beschädigt, so muss der Schaden beseitigt sein.

⑳ 10.2 Setzt der Untermieter nach Ablauf der Mietzeit den Gebrauch der Mietsache fort, gilt das Untermietverhältnis als nicht verlängert. § 545 BGB findet keine Anwendung.

㉑ ## § 11 Sonstige Vereinbarungen

_____

_____

_____

_____

_____

§ 12 Schlussbestimmungen

㉒ Andere als die in diesem Vertrag getroffenen Vereinbarungen bestehen nicht. Mündliche Nebenabreden wurden nicht getroffen. Änderungen und Ergänzungen des Mietvertrags müssen schriftlich vereinbart werden.

_____, den _____

(Ort, Datum)

_____   _____

(Unterschrift Untermieter)   (Unterschrift Untervermieter)

Anlagen zum Mietvertrag

Welche Anlagen Sie Ihrem Mietvertrag beifügen sollten, hängt ganz von der Wohnung oder dem Haus ab, das Sie vermieten. Sehr oft wird die Aufstellung der Nebenkosten beigefügt, wobei es sich meist um den reinen Gesetzestext handelt: Und es soll durchaus vorkommen, dass nicht einmal der Vermieter diesen Text von vorne bis hinten liest, weil da ja sowie alle umlagefähigen Nebenkosten aufgelistet sind. Empfehlenswert ist das natürlich nicht. Denn was tun Sie, wenn Ihr Mieter Fragen dazu hat? Außerdem müssen Sie den Text vielleicht an der einen oder anderen Stelle ergänzen oder präzisieren.

Als weitere Anlage kommt die Hausordnung in Betracht, die Sie dann aber nicht mehr einseitig ändern können. Oder eine Inventarliste oder das Übergabeprotokoll. Manche fügen noch weitere Vereinbarungen oder Erläuterungen hinzu. Dazu kann nur gesagt werden: Sparen Sie sich die Mühe. Überfrachten Sie Ihren Mietvertrag nicht, sondern beschränken Sie sich auf die wirklich wichtigen Punkte. Dann haben Sie auch gute Aussichten, dass Ihre Vertragsklauseln Bestand haben. Denn es hilft Ihnen überhaupt nichts, wenn Sie eine wichtige Vereinbarung in der dritten Anlage zum Mietvertrag verstecken. Im Zweifel wird ein Gericht sie eher nicht anerkennen.

Wählen Sie daher aus. Streichen Sie, was für Sie nicht wesentlich ist, und weisen Sie Ihren Mieter auf die entscheidenden Punkte hin. Damit ist beiden Parteien am meisten gedient.

Kommentar zur Aufstellung der Nebenkosten

1 § 2 der Betriebskostenverordnung

Inhaltlich folgen wir dem Gesetzestext, alle 17 Nebenkostenarten werden aufgelistet. Wir bemühen uns aber um bessere Verständlichkeit.

2 Verwaltungskosten sind keine Nebenkosten

Einer der häufigsten Gründe, warum Nebenkostenabrechnungen beanstandet werden: In der einen oder anderen Position sind Verwaltungskosten „versteckt" oder nicht herausgerechnet worden.

3 Verteilerschlüssel

Sie müssen den Verteilerschlüssel nicht schon im Mietvertrag festlegen, sondern können sich damit bis zur ersten Abrechnung Zeit lassen. Allerdings lässt sich ein mietvertraglich vereinbarter Schlüssel wesentlich schwerer kippen. Gerade wenn Sie die Grundsteuer auf Wohnungen und Gewerberäume verteilen müssen, kann es ratsam sein, den Schlüssel festzuschreiben. Vermieten Sie hingegen nur eine Wohnung oder ein Haus, können Sie den Grundsteuerbescheid einfach übernehmen.

4 Wasserversorgung: Verteilerschlüssel

Hier müssen Sie unter Umständen mehrere Verteilerschlüssel angeben, je nachdem, wie Sie den Wasserverbrauch messen. Zum Beispiel kann es sein, dass der individuelle Verbrauch gemäß Zählerstand berechnet wird und die Gemeinschaftskosten nach der Wohnfläche verteilt werden.

Aufstellung der Nebenkosten

gemäß § 2 der Betriebskostenverordnung

Was sind Nebenkosten?

Als Neben- oder Betriebskosten gelten die Kosten, die durch den Gebrauch der Mietsache laufend entstehen, sowie Kosten, die die Wohnung, das Gebäude, die Nebengebäude, Anlagen, Einrichtungen und das Grundstück betreffen. Verwaltungskosten sind keine Nebenkosten. Sach- und Arbeitsleistungen des Vermieters dürfen mit dem Betrag angesetzt werden, der für eine gleichwertige Leistung eines Dritten angesetzt werden könnte; die Umsatzsteuer darf dabei nicht angesetzt werden. Im Einzelnen handelt es sich dabei um die folgenden Kosten.

1. Die laufenden öffentlichen Lasten des Grundstücks

Hierzu gehört die Grundsteuer, nicht aber ein etwaiger Erbbauzins.

Verteilerschlüssel: _____

2. Kosten der Wasserversorgung

Darunter fallen nicht nur die Kosten für den Wasserverbrauch, sondern auch Grundgebühren, Mietkosten von Wasserzählern (auch Zwischenzählern), Betriebskosten einer hausinternen Wasserversorgungs- oder Wasseraufbereitungsanlage.

Verteilerschlüssel: _____

3. Kosten für die Entwässerung

Damit sind die Gebühren für die öffentlichen Entwässerungsanlagen gemeint oder die Betriebskosten einer privaten Anlage und einer Entwässerungspumpe.

Verteilerschlüssel: _____

4. Heizkosten

Die Heizkosten umfassen nicht nur die Kosten der verbrauchten Brennstoffe (zum Bei-
spiel Öl oder Gas), sondern auch die Lieferkosten, den Betriebsstrom, die Kosten für Be-
dienung, Pflege und Überwachung der Heizung, die Kosten der regelmäßigen Prüfung der
Betriebsbereitschaft und -sicherheit. Kosten für die Verbrauchserfassung, Einstellarbeiten,
Reinigung, Immissionsschutz-Messungen, den Schornsteinfeger und die Mietkosten für
Verbrauchserfassungsgeräte.

Verteilerschlüssel: _____

5. Kosten für Warmwasser

Hierzu zählen die Kosten für Erwärmung, Verbrauch (sofern er nicht schon unter Position 2
erfasst wurde), Grundgebühren, Zählermiete, Reinigung und Wartung der Geräte sowie
Einstellarbeiten.

Verteilerschlüssel: _____

6. Kosten für verbundene Heizungs- und Warmwasserversorgungsanlagen

Sind Heizung und Warmwasserversorgung in einer Anlage verbunden, werden sie unter
dieser Position abgerechnet.

Verteilerschlüssel: _____

7. Kosten für den Fahrstuhl

Zu übernehmen sind die Kosten für den Betriebsstrom, die Einstellung, Beaufsichtigung,
Bedienung, Überwachung, Pflege und Reinigung der Anlage. Ebenfalls umlagefähig sind
die Kosten für die regelmäßige Prüfung der Betriebsbereitschaft und -sicherheit.

Verteilerschlüssel: _____

Kommentar zur Aufstellung der Nebenkosten

5 Kosten für verbrauchte Brennstoffe

Dazu gehören nicht nur das individuell verfeuerte Heizöl oder Gas, sondern auch die Gemeinkosten, zum Beispiel die Heizkosten für Gemeinschaftsräume oder der „verbrauchsunabhängige Teil" der Heizkosten bei einer Zentralheizung.

6 Heizkosten: Verteilerschlüssel

Bei einer zentralen Heizungsanlage sollten Sie unbedingt angeben, welchen Anteil Sie verbrauchsabhängig und welchen Sie verbrauchsunabhängig abrechnen. Bei älteren Gebäuden ohne gute Wärmedämmung gilt ein Verhältnis von 50 zu 50 als Standard, bei neueren Bauten mit ausgezeichneter Wärmedämmung sollten Sie 70 Prozent verbrauchsabhängig und 30 Prozent verbrauchsunabhängig abrechnen. Dazwischen ist alles möglich. Verteilungsverhältnisse, die darunter oder darüber liegen, könnte Ihr Mieter anfechten.

7 sofern er nicht schon unter Position 2 erfasst wurde

Abrechnungspositionen, die Sie nicht benötigen, sollten Sie streichen.

8 Fahrstuhl: Verteilerschlüssel

Der Mieter muss nur für einen Fahrstuhl zahlen, den er auch nutzen kann. Aufzüge in den Nebengebäuden oder anderen Häusern der Wohnanlage sind daher in aller Regel nicht umlagefähig. Heftig umstritten ist die Frage, ob ein Erdgeschossmieter für den Aufzug zahlen muss. Wenn er ihn in irgendeiner Weise nutzen kann, zum Beispiel um in den Keller oder auf den Trockenboden zu gelangen, wird er um die Übernahme der Kosten kaum herumkommen. Allerdings haben einige Vermieter die Kosten danach gestaffelt, wie stark der jeweilige Mieter von dem Aufzug profitiert: Die Bewohner der obersten Stockwerke werden am stärksten, die Erdgeschossbewohner dementsprechend am geringsten belastet. Einen solchen Schlüssel sollten Sie in jedem Fall mietvertraglich festschreiben.

Kommentar zur Aufstellung der Nebenkosten

9 Müllabfuhr: Verteilerschlüssel

Je höher die Müllgebühren steigen, desto stärker ist der Bedarf, die Kosten möglichst gerecht zu verteilen. Manche Vermieter verteilen die Kosten nach der Anzahl der Bewohner im Haushalt, andere versuchen die Müllmenge zu erfassen, was zwar am gerechtesten, aber häufig sehr aufwändig ist – und zusätzliche Kosten produziert. Daher kommt meist doch der Standardschlüssel zum Einsatz: die Wohnfläche.

10 Lohn für die Reinigungskräfte

Wenn Sie selbst die Reinigung übernehmen, dürfen Sie Ihren Mietern einen Betrag in Rechnung stellen, der nicht höher sein darf als das ortsübliche Entgelt für ungelernte Reinigungskräfte.

11 Ungezieferbekämpfung ... regelmäßig anfallende Maßnahmen

Es mag schon ein wenig widersinnig erscheinen, aber die Ungezieferbekämpfung ist nur dann umlagefähig, wenn sie turnusmäßig durchgeführt werden muss. Boshaft könnte man auch formulieren: Die Maßnahmen sind nur dann umlagefähig, wenn sie keinen dauerhaften Erfolg haben.

12 Erneuerung von Pflanzen und Gehölzen

Ein beliebter Streitpunkt: Gehört das Erneuern der Pflanzen noch zur Gartenpflege oder sind die Maßnahmen so umfangreich, dass sie schon als Umgestaltung gelten können und damit nicht mehr umlagefähig sind? Klare Regeln gibt es nicht, aber die zentralen Begriffe „Erneuerung" (= umlagefähig) und „Umgestaltung" (= Kosten müssen Sie selber tragen) sollten in Ihre Vereinbarung.

8. Kosten für die Straßenreinigung und die Müllabfuhr

Hierzu zählen die städtischen Gebühren für Straßenreinigung und Müllabfuhr. Werden diese Dienste von privaten Firmen übernommen, so sind die Kosten ebenfalls umlagefähig, ebenso die Kosten des Betriebs von Müllkompressoren, Müllschluckern, Müllabsauganlagen sowie des Betriebs von Müllmengenerfassungsanlagen einschließlich der Kosten der Berechnung und Aufteilung. Auch Sperrmüll ist nach einem Urteil des Bundesgerichtshofs umlagefähig. Die Kosten entstehen zwar nicht regelmäßig, aber doch immer wieder.

(9) Verteilerschlüssel: _____

9. Kosten für Hausreinigung und Ungezieferbekämpfung

Hierzu zählen die Kosten für die Reinigung der Gebäudeteile, die von den Bewohnern gemeinsam genutzt werden, wie Treppen, Zugänge, Flure, Keller, Fahrkörbe von Aufzügen, Bodenräume, Waschküchen und Gemeinschaftsräume. Darunter fallen die Kosten für die Reinigungsmittel sowie der Lohn für die Reinigungskräfte. Bei der Ungezieferbekämpfung sind nur regelmäßig anfallende Maßnahmen umlagefähig.

(10)
(11)

Verteilerschlüssel: _____

10. Kosten für Gartenpflege und Spielplätze

Hierzu gehören die Kosten für die Pflege gärtnerisch angelegter Flächen einschließlich der Erneuerung von Pflanzen und Gehölzen, nicht aber für eine weitgehende Umgestaltung des Gartens. Weiterhin umlagefähig ist die Pflege von Spielplätzen, dazu gehört auch die Erneuerung von Sand; außerdem die Pflege von Plätzen, Zugängen und Zufahrten, die nicht dem öffentlichen Verkehr dienen.

(12)

Verteilerschlüssel: _____

11. Die Kosten der Beleuchtung

Hierzu zählen die Kosten des Stroms für die Außenbeleuchtung und für die Beleuchtung der Gemeinschaftsräume sowie der Gebäudeteile, die für den Mieter zugänglich sind, wie Eingänge, Treppenhäuser, Keller, Bodenräume.

Verteilerschlüssel: _____

12. Kosten für die Schornsteinreinigung

Hierzu gehören die Kehrgebühren, soweit sie nicht bereits unter Position 4 abgerechnet worden sind.

Verteilerschlüssel: _____

13. Sach- und Haftpflichtversicherung

Hierzu gehören Beiträge für Gebäudeversicherungen gegen Feuer-, Sturm- und Wasserschäden, Glasversicherung, Haftpflichtversicherung für das Gebäude, den Öltank und den Aufzug.

Verteilerschlüssel: _____

14. Kosten für den Hausmeister

Hierzu gehören die Vergütung, die Sozialbeiträge und alle geldwerten Leistungen, die der Eigentümer oder Erbbauberechtigte dem Hauswart für seine Arbeit gewährt, soweit diese nicht die Instandhaltung, Instandsetzung, Erneuerung, Schönheitsreparaturen oder die Hausverwaltung betreffen.

Verteilerschlüssel: _____

15. Kosten für Antenne oder Kabelanschluss

Hierzu gehören die Kosten für den Betriebsstrom und die regelmäßige Prüfung der Betriebsbereitschaft sowie die monatliche Kabelgebühr.

Verteilerschlüssel: _____

16. Kosten einer maschinellen Wascheinrichtung

Hierzu zählen der Betriebsstrom, die Überwachung, Pflege und Reinigung der Maschinen, die regelmäßige Prüfung der Betriebsbereitschaft und die Wasserversorgung, soweit sie nicht unter Position 2 abgerechnet wurde.

Verteilerschlüssel: _____

17. Sonstige Betriebskosten

_____

_____

_____

Verteilerschlüssel: _____

Kommentar zur Aufstellung der Nebenkosten

13 **Sach- und Haftpflichtversicherung**

Beiträge für andere Versicherungen sind nicht umlagefähig, wie zum Beispiel die für eine Rechtsschutzversicherung oder gar eine Versicherung gegen Mietausfall. Die Kosten hierfür müssten Sie selbst tragen.

14 **soweit diese nicht die Instandhaltung ...**

Weil der Hausmeister in aller Regel auch Aufgaben versieht, die der Instandhaltung, Instandsetzung, der Reparatur oder der Verwaltung dienen, können Sie so gut wie nie die kompletten Hausmeisterkosten auf den Mieter umlegen. Vielmehr müssen Sie den Anteil, der nicht umlagefähig ist, herausrechnen bzw. die Kosten entsprechend kürzen. Es kommt immer auf den Einzelfall an, aber ein Vorwegabzug zwischen 30 und 40 Prozent gilt vielfach als vertretbar.

15 **Kosten für Antenne oder Kabelanschluss**

Ist die Wohnung mit einem Anschluss für eine Gemeinschaftsantenne oder Breitbandkabel ausgestattet, so muss der Mieter die Betriebskosten übernehmen – auch wenn er das Angebot selbst gar nicht nutzt.

16 **Sonstige Betriebskosten**

Achtung, hier müssen Sie alle Betriebskosten aufführen, die bis hierher noch nicht erwähnt worden sind. Dazu zählen insbesondere die Betriebskosten für Sondereinrichtungen wie Schwimmbad, Sauna, Klimaanlage oder Dachrinnenheizung sowie für die Nebengebäude. Wichtig: Sie können diese Nebenkosten überhaupt nur dann auf den Mieter umlegen, wenn sie im Mietvertrag, also beispielsweise hier oder unter § 19 unter den „sonstigen Vereinbarungen", genau bezeichnet werden. Vermieter, die einfach nur den Gesetzestext von § 2 der Betriebskostenverordnung ihrem Mietvertrag anheften, können deswegen die „sonstigen Betriebskosten" gar nicht geltend machen.

Kommentar zur Hausordnung

1 Hausordnung

Die Hausordnung regelt das Zusammenleben der Hausbewohner. Ist sie Bestandteil des Mietvertrags, bekommt sie wesentlich mehr Gewicht. Es genügt aber nicht, auf die Hausordnung einfach nur zu verweisen („Es gilt die Hausordnung."). Vielmehr müssen Sie sie dem Vertrag als Anlage beigeben – und zur Sicherheit sollte sie der Mieter auch noch unterschreiben.

Allerdings gibt es auch Gründe, die Hausordnung nicht zum Bestandteil des Mietvertrags zu machen: Als Teil des Vertrags kann sie nicht mehr einseitig, das heißt von Ihnen allein, geändert werden. Eine Hausordnung hat aber rein regelnden Charakter und kann nicht etwa im Nachhinein die Rechte des Mieters einschränken oder ihm neue Pflichten auferlegen.

2 Schutz vor Lärm

Jede Hausordnung enthält Regelungen zur Ruhezeit. Die hier angegebenen Zeiten sind unproblematisch, sie entsprechenden den allgemein üblichen Ruhezeiten. Wollen Sie die Zeiten darüber hinaus ausdehnen, brauchen Sie gute Gründe. Und Sie sollten darauf schon im Mietvertrag hinweisen. Am besten in einer individuellen Klausel. Denn alle Regelungen, die „überraschend" auftauchen, sind unwirksam. Und das wäre hier der Fall, da sich die Regelung in der Hausordnung verstecken würde.

3 Baden und Duschen

Ein generelles Dusch- und Badeverbot nach 22:00 Uhr dürfte unwirksam sein. Anders sieht es aus, wenn dadurch die Nachtruhe der übrigen Hausbewohner gestört wird.

4 Kinder sollen möglichst auf den Spielplätzen spielen

Kinder brauchen ausreichend Platz zum Spielen und Toben. Ist der vorhanden, sollen sie aus Rücksicht auf die anderen Hausbewohner nicht gerade dort spielen, wo es besonders stört.

5 Festlichkeiten aus besonderem Anlass

Nicht jede Fete gehört dazu, aber Hochzeiten, bestandene Prüfungen und runde Geburtstage. Sie können die Zahl der Festlichkeiten durch die Hausordnung auch begrenzen, wobei es sich aus praktischen Gründen empfiehlt, keine allzu rigiden Obergrenzen zu setzen. Sonst geraten Sie womöglich unter Zugzwang und müssen eine Feier verbieten, nur weil ein griesgrämiger Hausbewohner auf Einhaltung der Hausordnung pocht.

Hausordnung

Das Zusammenleben in einer Hausgemeinschaft erfordert gegenseitige Rücksichtnahme aller Hausbewohner. Um das ungestörte Zusammenleben zu erreichen, ist die nachfolgende Hausordnung als rechtsverbindlicher Bestandteil des Mietvertrags einzuhalten.

I. Schutz vor Lärm

1) Lärm belastet alle Hausbewohner. Deshalb ist Musizieren während der allgemeinen Ruhezeiten von 13:00 bis 15:00 Uhr und von 22:00 bis 7:00 Uhr untersagt. Fernseh-, Radio- und Tongeräte sind stets auf Zimmerlautstärke einzustellen, die Benutzung im Freien (auf Balkonen, Loggien usw.) darf die übrigen Hausbewohner nicht stören.

2) Sind bei hauswirtschaftlichen und handwerklichen Arbeiten in Haus, Hof oder Garten belästigende Geräusche nicht zu vermeiden (Bohrgeräusche, Klopfen von Teppichen, Staubsaugen, Rasenmähen, Heimwerken und dergleichen), so sind diese Aktivitäten werktags in der Zeit von 8:00 bis 12:00 Uhr und von 15:00 bis 18:00 Uhr vorzunehmen.

3) Baden und Duschen sollte in der Zeit von 22:00 bis 6:00 Uhr unterbleiben, soweit aufgrund der Bauart des Gebäudes die Nachtruhe der übrigen Hausbewohner gestört wird.

4) Kinder sollen möglichst auf den Spielplätzen spielen. Spiel und Sport in den Anlagen muss auf die Anwohner und die Bepflanzung Rücksicht nehmen. Lärmende Spiele und Sportarten (zum Beispiel Fußball) sind auf den unmittelbar an die Gebäude angrenzenden Freiflächen, im Treppenhaus und in sonstigen Nebenräumen nicht gestattet.

5) Festlichkeiten aus besonderem Anlass, die sich über 22:00 Uhr hinaus erstrecken, sollen den betroffenen Hausbewohnern rechtzeitig angekündigt werden.

6) Bei schwerer Erkrankung eines Hausbewohners ist besondere Rücksichtnahme geboten.

II. Sicherheit

6

1) Zum Schutz der Hausbewohner sind die Haustür von 22:00 bis 6:00 Uhr sowie die Kellereingänge und Hoftüren ständig verschlossen zu halten. Wer die Haustür zwischen 22:00 und 6:00 Uhr oder die Kellereingangstüren und Hoftüren öffnet, hat sie sofort nach Benutzung wieder abzuschließen.

2) Haus- und Hofeingänge, Treppen und Flure erfüllen ihren Zweck als Fluchtweg nur, wenn sie freigehalten werden. Sie dürfen daher nicht zugeparkt oder durch Fahr- oder Motorräder, Kinderwagen, Topfpflanzen oder Sperrmüll versperrt werden.

3) Das Abstellen von Fahrrädern und Kinderwagen kann ausnahmsweise geduldet werden, wenn andere Abstellmöglichkeiten nicht vorhanden sind und andere Hausbewohner nicht gefährdet werden.

7

4) Spreng- und Explosionsstoffe dürfen nicht in das Haus oder auf das Grundstück gebracht werden. Bei der Lagerung von Heizöl sind die amtlichen Richtlinien zu beachten.

5) Bei Undichtigkeiten oder sonstigen Mängeln an den Gas- und Wasserleitungen sind sofort das Gas- und Wasserwerk sowie der Vermieter zu benachrichtigen. Wird Gasgeruch in einem Raum bemerkt, darf dieser nicht mit offenem Licht betreten werden. Elektrische Schalter sind nicht zu betätigen. Die Fenster sind zu öffnen. Der Haupthahn ist zu schließen.

6) Versagt die allgemeine Flur- und Treppenbeleuchtung, so ist unverzüglich der Vermieter oder der Hausmeister zu benachrichtigen. Bis Abhilfe geschaffen ist, soll der Hausbewohner für ausreichende Beleuchtung der zur Wohnung führenden Treppe und des dazugehörenden Flurs sorgen.

7) Das Grillen mit festen oder flüssigen Brennstoffen ist auf Balkonen, Loggien und auf den unmittelbar am Gebäude liegenden Flächen nicht gestattet.

8

Kommentar zur Hausordnung

6 Sicherheit

Zweites Hauptthema jeder Hausordnung ist die Sicherheit. Dabei geht es um den Schutz vor Einbruch, um feuerpolizeiliche Bestimmungen und um die Vermeidung von Gefahren. Besonderheiten, die auf Ihr Haus zutreffen, sollten Sie ergänzen.

7 von Fahrrädern und Kinderwagen

Ein heftig umstrittenes Thema. Einerseits müssen aus feuerpolizeilichen Gründen die Fluchtwege frei bleiben. Daran gibt es nichts zu rütteln. Nur taucht regelmäßig das Problem auf: Wohin mit den Kinderwagen? Steht ein Fahrstuhl zu Verfügung, können die Eltern das Gefährt zumindest mit in ihr Stockwerk nehmen und an einer geeigneten Stelle abstellen. Wenn das nicht der Fall ist, kann den Eltern nicht zugemutet werden, den Kinderwagen nach oben zu tragen. Er muss irgendwo im Erdgeschoss untergebracht werden, dort wo er am wenigsten stört. Das Problem vergrößert sich noch, wenn mehrere junge Familien im Haus wohnen. In solchen Fällen sollte die Hausordnung zumindest eine Lösung andeuten und nicht einfach das Abstellen im Hausflur rigoros verbieten. Womöglich findet sich ja ein Platz, wo sich die Beeinträchtigung in Grenzen hält.

8 Grillen

Auch hier ist die Hausordnung gefordert, für Klarheit zu sorgen. Soll das Grillen ganz untersagt werden? Gibt es womöglich einen geeigneten Grillplatz im Innenhof? Dann sollte festgelegt werden, wann und wie oft dort gegrillt werden darf.

Kommentar zur Hausordnung

9 Reinigung

Thema Nummer drei: Wie soll die Wohnanlage sauber gehalten werden? Wer reinigt die Gemeinschaftsräume und -flächen? Zum Thema gehören aber auch Regelungen darüber, wie der Hausmüll zu entsorgen ist, was beim Reinigen der eigenen Wohnung zu beachten ist (Teppichklopfen, Lüften, keine Abfälle ins Klo). Dabei geht es nicht darum, in die persönlichen Hygienevorstellungen der Hausbewohner einzugreifen, sondern ausschließlich um die Auswirkungen auf die Hausgemeinschaft.

10 Die Hausbewohner haben ... zu reinigen

In vielen Fällen übernimmt eine Reinigungsfirma, der Hausmeister oder der Vermieter die Reinigungsarbeiten und die Kosten werden auf die Nebenkosten umgelegt. In diesem Fall sollten Sie die entsprechenden Punkte streichen (2, 3 und 13, zumeist auch 4).

Ganz wichtig: Die Pflicht, das Treppenhaus oder womöglich noch die Flächen um das Haus zu reinigen, muss unbedingt im Mietvertrag vereinbart werden. Am besten geschieht dies in einer individuellen Klausel, auf die Sie Ihren Mieter noch einmal nachdrücklich hinweisen. Es ist nämlich keineswegs üblich, dass die Mieter selbst zu Besen und Wischlappen greifen müssen (außer in Baden-Württemberg im Rahmen der „Kehrwoche").

Nebenbei bemerkt ist die Übertragung der Reinigungspflicht auf die Mieter keineswegs die bequemste Lösung, sondern schafft häufig nur Probleme: Die Bewohner putzen mit unterschiedlicher Sorgfalt und kommen im Schnitt selten an das Ergebnis der professionellen Reinigungskräfte heran.

11 Schnee- und Eisbeseitigung

Das Räumen und Streuen gehört zu den Verkehrssicherungspflichten. Es ist umstritten, ob sich die überhaupt auf die Mieter übertragen lassen. Wenn ein Hausmeister zu Verfügung steht, gehört das eigentlich zu seinen ersten Pflichten. Anders gefragt: Wenn der Hausmeister nicht für die Schnee- und Eisbeseitigung zuständig ist, wofür dann?

III. Reinigung

① 1) Haus und Grundstück sind rein zu halten. Verunreinigungen sind von dem verantwortlichen Hausbewohner unverzüglich zu beseitigen.

⑩ 2) Die Hausbewohner haben die Kellerflure, Treppen, die Treppenhausfenster, Treppenhausflure und den Boden abwechselnd nach einem bei Bedarf aufzustellenden Reinigungsplan zu reinigen.

3) Soweit vertraglich nichts anderes vorgesehen, haben die Hausbewohner abwechselnd nach einem bei Bedarf vom Vermieter auszustellenden Reinigungsplan

- die Zugangswege außerhalb des Hauses einschließlich der Außentreppen,

- den Hof,

- den Standplatz der Müllbehälter,

- den Bürgersteig vor dem Haus und

- die Fahrbahn, sofern es das in der Gemeinde geltende Ortsrecht bestimmt,

zu reinigen.

⑪ 4) Schnee- und Eisbeseitigung und das Streuen bei Glätte erfolgt nach einem vom Vermieter aufzustellenden Plan. Maßnahmen gegen Winterglätte müssen zwischen 6:00 und 21:00 Uhr wirksam sein, soweit nicht durch behördliche Bestimmungen hierfür andere Zeiten festgelegt worden sind.

5) Abfall und Unrat dürfen nur in den dafür vorgesehenen Müllbehältern gesammelt werden. Sperriger Abfall, Kartons usw. dürfen nur zerkleinert in die Müllbehälter gegeben werden. Bitte achten Sie darauf, dass kein Abfall oder Unrat im Haus, auf den Zugangswegen oder dem Standplatz der Müllbehälter verschüttet wird.

6) Waschküche und Trockenräume stehen entsprechend der Einteilung durch den Vermieter zur Benutzung zur Verfügung. Nach Beendigung der Wäsche sind Waschraum und sämtliche Einrichtungsgegenstände gründlich zu reinigen. Waschküchen- und Trockenraumschlüssel sind pünktlich an den Nachfolger weiterzugeben.

Auf den Balkonen darf Wäsche nur unterhalb der Brüstung getrocknet werden.

7) Teppiche dürfen nur auf dem dafür vorgesehenen Platz gereinigt werden. Das Reinigen von Textilien und Schuhwerk darf nicht in den Fenstern, über den Balkonbrüstungen oder im Treppenhaus erfolgen.

8) Blumenbretter und Blumenkästen müssen sachgemäß und sicher angebracht sein. Beim Gießen von Blumen auf Balkonen und Fensterbänken ist darauf zu achten, dass das Wasser nicht an der Hauswand herunterläuft und auf die Fenster und Balkone anderer Hausbewohner rinnt.

9) In die Toiletten und/oder Abflussbecken dürfen Haus- und Küchenabfälle, Papierwindeln und dergleichen nicht geschüttet werden.

10) Die Wohnung ist auch in der kalten Jahreszeit ausreichend zu lüften. Dies erfolgt durch möglichst kurzfristiges Öffnen der Fenster. Zum Treppenhaus hin darf die Wohnung, vor allem aber die Küche, nicht entlüftet werden.

11) Keller-, Boden- und Treppenhausfenster sind in der kalten Jahreszeit geschlossen zu halten. Dachfenster sind bei Regen und Unwetter zu verschließen und zu verriegeln.

12) Sinkt die Außentemperatur unter den Gefrierpunkt, sind alle geeigneten Maßnahmen zu treffen, um ein Einfrieren der sanitären Anlagen zu vermeiden.

13) Für die Dauer seiner Abwesenheit oder im Krankheitsfall hat der Hausbewohner dafür Sorge zu tragen, dass die Reinigungspflichten eingehalten werden. Bei längerer Abwesenheit ist der Schlüssel zu hinterlegen. Das Wohnungsunternehmen ist hierüber zu unterrichten.

14) Das Abstellen von Fahrzeugen auf dem Hof, den Gehwegen und Grünflächen ist nicht erlaubt. Fahrzeuge dürfen innerhalb der Wohnanlage nicht gewaschen werden. Ölwechsel und Reparaturen sind nicht gestattet.

IV. Gemeinschaftseinrichtungen

Für die Gemeinschaftseinrichtungen gelten die Benutzungsordnungen sowie Bedienungsanweisungen und Hinweisschilder. Einteilungspläne sind zu beachten.

Personenaufzüge

1) Der Aufzug darf von Kindern bis acht Jahren nur in Begleitung Erwachsener benutzt werden. Es ist darauf zu achten, dass der Personenaufzug nicht unnötig benutzt wird. Dauerbelastungen führen zu Schäden.

2) In den Personenaufzügen dürfen schwere Gegenstände, Möbelstücke und dergleichen nur befördert werden, wenn die zulässige Nutzlast des Aufzugs nicht überschritten wird.

3) Die Benutzung des Fahrstuhls zum Zweck der Beförderung von Umzugsgut muss dem Vermieter mit Angabe des Transportunternehmens angezeigt werden. Die Fahrkorbkabine muss geschützt und gegebenenfalls gereinigt werden.

Gemeinschaftsantenne

1) Die Verbindung von Antennenanschlussdose in der Wohnung zum Empfangsgerät darf nur mit dem hierfür vorgeschriebenen Empfängeranschlusskabel vorgenommen werden. Soweit das Kabel nicht von dem Vermieter zur Verfügung gestellt wird, hat es der Hausbewohner auf seine Kosten zu beschaffen. Der Anschluss darf nicht mit anderen Verbindungskabeln vorgenommen werden, weil hierdurch der Empfang der anderen Teilnehmer gestört wird. Darüber hinaus besteht die Gefahr, dass das eigene Gerät beschädigt wird.

2) Der Hausbewohner hat Schäden an der Gemeinschaftsantenne oder Störungen im Empfang, die auf Fehler oder Mängel der Gemeinschaftsantenne schließen lassen, unverzüglich dem Vermieter mitzuteilen. Nur dessen Beauftragte sind berechtigt, Arbeiten an der Anlage durchzuführen.

Gemeinschaftswaschanlage

Die Benutzung der Gemeinschaftswaschanlage erfolgt auf eigene Gefahr. Ein Ersatz für verdorbene bzw. beschädigte Wäschestücke wird ausdrücklich ausgeschlossen. Die Anlage ist pfleglich zu behandeln. Bei Störungen ist der Betrieb sofort einzustellen und der Vermieter unverzüglich zu verständigen.

Müllschlucker

Der Müllschlucker darf nur in der Zeit von 8:00 bis 20:00 Uhr benutzt werden. Flaschen, Blechbüchsen und ähnlich schwer bzw. unbrennbare Gegenstände gehören nicht in den Müllschlucker, sondern in die Mülltonne, um die Müllverbrennungsanlage nicht zu beschädigen. Aus dem gleichen Grund sollten Papp- oder Stoffballen zerkleinert werden.

Nach der Benutzung ist der Einwurfschacht durch Rütteln oder Schieben mittels Handbesen oder dergleichen zu leeren. Lautes Poltern sollte vermieden werden. Klemmende Schachtdeckel dürfen nicht mit Gewalt geschlossen werden. Ist der Müllschlucker verstopft, ist der Hausmeister zu verständigen.

Kinderspielplätze

Grundsätzlich sind die Spielplätze nur für Kinder bis zwölf Jahre gedacht. Fremde Kinder dürfen den Spielplatz nur nutzen, wenn sie von Kindern der Hausbewohner dazu eingeladen werden. Die Eltern der Kinder, die im Sandkasten spielen, sollten darauf achten, dass der Sandkasten nicht verunreinigt oder gar vermüllt wird. Spielzeug soll nicht auf dem Spielplatz zurückgelassen werden. Haustiere haben auf dem Spielplatz nichts verloren, sie sind fernzuhalten.

_____, den _____

(Ort, Datum)

_____   _____

(Unterschrift Mieter)   (Unterschrift Vermieter)

Übergabeprotokoll

Sicher ist sicher. Das gilt für Mieter und Vermieter gleichermaßen. Deshalb liegt es im Interesse von beiden Parteien, wenn bei der Übergabe ein Protokoll angefertigt wird, das den Zustand der Mietsache dokumentiert. Wenn der Mieter wieder auszieht, haben Sie eine gesicherte Grundlage, um Ihre Ansprüche zu begründen. Aber natürlich kann sich auch der Mieter auf das Protokoll berufen, um darzulegen, dass ein Mangel schon bestanden hat, als er eingezogen ist.

Mängel und Inventar dokumentieren

Im Wesentlichen hat das Übergabeprotokoll zwei Aufgaben: Einmal sollen alle bestehenden Mängel und Makel der Mietsache festgehalten werden. Ihnen sollte es hingegen darum gehen zu zeigen, dass alles tadellos in Ordnung ist. Außerdem dient das Protokoll dazu, die Ausstattung, die Sie mitvermieten, zu dokumentieren. Welche Küchengeräte waren bereits vorhanden? Was hat der Mieter hinzugekauft? Wurde Mobiliar ersetzt?

Eigenständig oder als Anlage zum Mietervertrag?

Manche Vermieter werten das Übergabeprotokoll dadurch auf, dass sie es zum Bestandteil des Mietvertrags machen. Neben der Auflistung der Nebenkosten und der Hausordnung kommt das Protokoll als dritte Anlage zum Vertrag hinzu. Unter „sonstige Vereinbarungen" (§ 19) sollte dann ausdrücklich darauf hingewiesen werden. Selbstverständlich können Sie so verfahren. Aber es besteht keine zwingende Notwendigkeit dazu. Sie dokumentieren ja nur den Zustand der Mietsache und legen dem Mieter keine zusätzlichen Pflichten auf.

Meist wird der Mietvertrag vor der eigentlichen Übergabe abgeschlossen, was dafür spricht, beides getrennt zu halten. Haben Sie die Wohnung Raum für Raum besichtigt und hat Ihr Mieter mit seiner Unterschrift bestätigt, dass keine Mängel bestehen, dann hat das nicht weniger Gewicht, als wenn er das in einem Formular als Anlage zum Mietvertrag getan hätte.

Kommentar zum Übergabeprotokoll

1 Anlage zum Mietvertrag vom

Wenn Sie das Übergabeprotokoll unabhängig vom Mietvertrag erstellen, denken Sie daran, diesen Satz zu streichen.

2 Einzugstermin

Nach Möglichkeit sollte die Übergabe kurz vor dem Einzug stattfinden, auf keinen Fall danach. Nicht nur weil schon während des Einzugs Schäden auftreten können, die Sie dann nicht mehr dokumentieren können, sondern auch, weil die Übergabe stets im geräumten Zustand erfolgen sollte.

3 Das Haus/die Wohnung besteht aus ...

Vergessen Sie nicht einen Garten oder Gartenanteil sowie einen Geräteschuppen oder die Garage aufzuführen, wenn Sie die mitvermieten (oft ist es ratsam, beides getrennt zu vermieten).

4 Schlüssel: Haustür/Wohnungstür

In vielen Mehrfamilienhäusern sind Haus- und Wohnungstürschlüssel kombiniert. In diesem Fall tragen Sie die Anzahl bei den Haustürschlüsseln ein und verbinden Haus- und Wohnungstür mit einem Schrägstrich oder einer Klammer.

5 folgende Schlüssel

Denken Sie auch an die Schlüssel von Nebengebäuden oder Gemeinschaftsräumen, vom Sicherungskasten außerhalb der Wohnung oder vom Müllcontainer.

Erläuterung zu § 6 Zustand der Mieträume

Es braucht Sie gar nicht zu beunruhigen, wenn Ihr Mieter irgendwelche Kleinigkeiten ins Protokoll aufnehmen will. Schreiben Sie sie auf, wenn sie denn stimmen. Die einzigen Konsequenzen, die sich daraus ergeben: Ihr Mieter muss bei seinem Auszug für diese Mängel nicht geradestehen. Bei einem schwerwiegenderen Mangel kann er verlangen, dass Sie als Vermieter diesen beseitigen – aber darauf hätte er auch ohne Protokoll einen Anspruch. Für Sie muss es darum gehen vorzuführen, dass alles in Ordnung ist, und sich das von Ihrem Mieter bestätigen zu lassen.

Übergabeprotokoll

für das Haus/die Wohnung in

_____

_____ (Straße, Hausnummer,

ggf. Etage, rechts/links/Mitte oder Wohnungsnummer, Wohnort).

① Anlage zum Mietvertrag vom _____

Mieter

Name: _____ Vorname: _____

Anschrift: _____

Telefonnummer: _____

② Einzugstermin: _____

Vermieter

Name: _____ Vorname: _____

Anschrift: _____

Telefonnummer: _____

③ Das Haus/die Wohnung besteht aus _____ Zimmern sowie Küche, Bad, Toilette, Gästebad, Balkon, Terrasse, Bodenraum, Kellerraum/Kellerabteil mit der Nummer _____ und _____

_____ .

④ # § 1 Schlüssel

⑤ Der Mieter erhält folgende Schlüssel:

_____ Haustür   _____ Wohnungstür   _____ Briefkasten

_____ Kellertür   _____ Fahrradkeller   _____ Hoftür

_____ Garage   _____ Trockenraum/Waschküche

_____

_____

Die Haustür-/Wohnungsschlüssel gehören zu einer zentralen Schließanlage (Bezeichnung/ Nummer: _____). Der Vermieter weist den Mieter ausdrücklich darauf hin, dass bei Verlust des Schlüssels womöglich alle Schlösser, die zu der Schließ- anlage gehören, ausgetauscht werden müssen. Das würde für den Mieter eine erhebliche finanzielle Belastung bedeuten.

Zimmerschlüssel:

_____ Wohnzimmer   _____ Küche   _____ Schlafzimmer

_____ Arbeitszimmer   _____ Kinderzimmer 1 _____ Kinderzimmer 2

_____ Bad   _____ WC   _____ Gästebad

_____

_____

§ 2 Übernommene Gegenstände und Einbauten vom Vormieter

Für Gegenstände und Einbauten, die der Mieter vom Vormieter übernommen hat, haftet der Vermieter nicht. Für Reparatur oder Erneuerung ist der Mieter verantwortlich. Beim Auszug des Mieters kann der Vermieter verlangen, dass der Mieter diese Gegenstände und Einbauten entfernt.

§ 3 Heizung und Warmwasserversorgung

_____ Zentralheizung   _____ Öl   _____ Gas   _____ Fernwärme

Mit zentraler Wasserversorgung: ☐ ja   ☐ nein

_____ Gas-Etagenheizung

_____ Gas-Etagenheizung mit Warmwassertherme

_____ Nachtspeicheröfen

_____ Einzelofenheizung _____ Kohle _____ Öl _____ Gas _____ Strom

(in folgenden Räumen: _____)

_____ Kachelofen   _____

_____ Elektrischer Warmwasserbereiter   _____ Gasdurchlauferhitzer

§ 4 Inventar

Folgende Geräte und Einrichtungsgegenstände wurden vom Vermieter beschafft und sind beim Auszug auch wieder an ihn zurückzugeben. Einbauten und Gegenstände vom Vormieter sowie das Inventar, das der Mieter selbst beschafft hat, sind daher nicht erfasst.

Küchenausstattung

_____ Herd   Art: _____   Fabrikat: _____

Besonderheiten: _____

_____ Backofen   Art: _____   Fabrikat: _____

Besonderheiten: _____

_____ Mikrowelle   Fabrikat: _____

_____ Kühlschrank   Fabrikat: _____

Besonderheiten: _____

_____ Elektrischer Entlüfter

_____ Sonstige Geräte: _____

_____ Spüle   _____ mit Unterbau

_____ Speiseschrank

_____ Oberschränke   _____ Unterschränke   Hersteller: _____

_____ Arbeitsplatte _____

_____

_____

Weiteres Kücheninventar: _____

_____

_____

Badausstattung

_____ Dusche   Besonderheiten: _____

_____ Badewanne   Besonderheiten: _____

_____ Waschbecken

_____ Toilette

_____ Handtuchhalter   _____ Badetuchhalter

_____ Spiegel

_____ Elektrischer Heizstrahler   _____ Entlüfter

Weiteres Badezimmerinventar: _____

_____

_____

Ausstattung des WCs

_____ Toilette   Spülkasten Besonderheiten: _____

_____ Handwaschbecken   _____ Handtuchhalter

_____ Spiegel   _____ Entlüfter

Weiteres Inventar für das WC: _____

_____

_____

Gäste-WC

_____ Toilette   Spülkasten Besonderheiten: _____

_____ Handwaschbecken   _____ Handtuchhalter

_____ Spiegel   _____ Entlüfter

Weiteres Inventar für das Gäste-WC: _____

_____

Inventar der Wohn- und Schlafräume

Folgende Geräte, Möbel und Einbauten stellt der Vermieter dem Mieter in den Wohn- und Schlafräumen zu Verfügung: _____

_____

_____

_____

Geräteschuppen im Hof oder Garten

_____ Rasenmäher _____Fabrikat: _____

Gartengeräte: _____

§ 5 Zählerstände

Kaltwasser:_____ (Zählernummer: _____)

Warmwasser: _____ (Zählernummer: _____)

Strom: _____ (Zählernummer: _____)

Gas: _____ (Zählernummer: _____)

_____ (Zählernummer: _____)

_____ (Zählernummer: _____)

§ 6 Zustand der Mieträume

Mieter und Vermieter haben gemeinsam die Mietsache besichtigt. Dabei haben sie die folgenden Besonderheiten/Mängel festgestellt:

Wohnzimmer: _____

_____

_____

Schlafzimmer: _____

_____

_____

Arbeits-/Kinderzimmer: _____

_____

_____

Wohnungsflur: _____

_____

_____

Küche: _____

_____

_____

Badezimmer: _____

_____

_____

WC: _____

_____

_____

Weitere Räumlichkeiten: _____

_____

_____

_____

Die Wohnung wurde renoviert übergeben. Wie bei der gemeinsamen Besichtigung festgestellt wurde, befindet sie sich in einem ordnungsgemäßen Zustand. Es konnten (außer
den unter § 6 genannten) keine Mängel festgestellt werden.

_____, den _____

(Ort, Datum)

_____   _____

(Unterschrift Mieter)   (Unterschrift Vermieter)

Wenn der Mieter nicht zahlt

Sie erfahren nun, wie Sie schnell und sicher reagieren, wenn es zu Problemen bei der Mietzahlung kommt. Zur Orientierung stellen wir Ihnen zunächst die einzelnen Stationen vor, die Sie hoffentlich niemals bis zum bitteren Ende durchlaufen müssen. Und doch kann es ganz hilfreich sein, wenn Sie Ihr Verhalten danach ausrichten, was passieren könnte – um eben diesen schlimmsten Fall zu verhindern. Anschließend bekommen Sie verschiedene Musterschreiben an die Hand, die Sie in ganz typischen Situationen verwenden können.

Zudem gehört das Thema Mietminderung in dieses Kapitel. Manche Mieter haben sehr unrealistische Vorstellungen darüber, wie stark sie die Miete kürzen dürfen. Es ist nützlich, wenn Sie auf unberechtigte oder überzogene Mietminderungen selbstbewusst reagieren können.

Schritt-für-Schritt-Anleitung: Was ist zu tun, wenn der Mieter nicht zahlt?

Zu den Hauptpflichten des Mieters gehört es, vollständig und pünktlich seine Miete zu bezahlen. Und Sie als Vermieter sollten ein Auge darauf haben, dass Ihr Mieter dieser Pflicht auch nachkommt. Denn nehmen Sie verspätete Mietzahlungen einfach hin, besteht nicht nur die Gefahr, dass solche Gewohnheiten einreißen. Sie können sich auch schlechter dagegen zur Wehr setzen, wenn Sie dann unvermittelt pünktliche Mietzahlungen einfordern.

1. Die Miete geht nicht pünktlich/nicht vollständig ein

Weisen Sie Ihren Mieter höflich, aber bestimmt auf seine Pflicht hin, die Miete pünktlich und vollständig zu bezahlen. Rufen Sie ihn an oder verwenden Sie den Musterbrief 2, wenn die Zahlung nicht rechtzeitig bei Ihnen eingeht. Ist sie am dritten Werktag nicht auf Ihrem Konto, sollten Sie nicht länger als ein, zwei Tage warten. Stehen im Mietvertrag andere Vereinbarungen, reagieren Sie entsprechend.

2a. Mieter reagiert: „Es war ein Versehen."/„Es war nicht meine Schuld."

Passiert dies einmal, lassen Sie die Sache auf sich beruhen. Es reicht aus, dass der Mieter merkt, dass Sie sehr aufmerksam den Zahlungseingang überwachen.

ODER

2b. Mieter reagiert: „Mietminderung"

Prüfen Sie, ob etwas dran ist, auch wenn die Mietminderung offensichtlich vorgeschoben ist. Liegt tatsächlich ein Schaden vor, beheben Sie ihn. Ansonsten weisen Sie die Mietminderung zurück, schicken eine Abmahnung oder drohen die Kündigung an.

ODER

2c. Mieter reagiert nicht/zahlt nicht

Drohen Sie nicht mit Kündigung und Klage, sondern bieten Sie eine konstruktive Lösung an. Suchen Sie den Kontakt und klären Sie die Gründe: Hat der Mieter Zahlungsschwierigkeiten? Dann bieten Sie ihm eine Stundungsvereinbarung oder einen Mietaufhebungsvertrag an. Loten Sie aus, ob sich der Mieter mit der Wohnung finanziell übernommen hat. Dann ist ein Mietaufhebungsvertrag womöglich für beide die beste Lösung. Einigen Sie sich möglichst außergerichtlich. Wenn das zu nichts führt, leiten Sie ein gerichtliches Mahnverfahren ein.

3. Leiten Sie ein gerichtliches Mahnverfahren ein

Oft genügt die Ankündigung, dass Sie ein gerichtliches Mahnverfahren einleiten werden, um den Mieter zum Zahlen zu bewegen. Andere lassen den Gerichtsvollzieher den Mahnbescheid zustellen und zahlen dann. Allerdings können Sie sicher sein, dass Ihr Mieter in ernsten finanziellen Schwierigkeiten steckt. Die Wahrscheinlichkeit ist nicht gering, dass sich das Spiel zumindest bis hierhin wiederholt. Besorgen Sie sich das Formular für einen Mahnbescheid im Schreibwarenladen und füllen Sie es aus. Stellen Sie damit den Antrag beim zuständigen Amtsgericht. Wenn der Mieter Einspruch einlegt, kommt es zum streitigen Verfahren. Legt er keinen Widerspruch ein, können Sie den Antrag auf Vollstreckungsbescheid stellen.

4. Streitiges Verfahren

Auch wenn weitere Kosten entstehen, Sie werden kaum darum herumkommen, sich jetzt an einen Anwalt zu wenden, der auf Mietrecht spezialisiert ist. Der wird Sie auch beraten können, wie sinnvoll es ist, ein Verfahren anzustrengen, wenn Zahlungsunfähigkeit des Mieters droht. Und ob Sie sich nicht darauf konzentrieren müssen, den Mieter aus der Wohnung zu bekommen. Ein guter Anwalt kann Ihnen so eine Menge Geld und Ärger ersparen. Ihre Klage wird entweder abgewiesen oder der Mieter zur Zahlung verurteilt. Im zweiten Fall ergibt sich ein vollstreckbarer Titel.

5. Antrag auf Vollstreckungsbescheid

Wenn der Mieter gegen den Vollstreckungsbescheid keinen Widerspruch einlegt, bleibt es beim vollstreckbaren Titel. Sonst geht es zurück zu „4. Streitiges Verfahren".

6. Sie haben einen vollstreckbaren Titel über die Mietschulden

„Vollstreckbarer Titel" bedeutet, dass Sie die Berechtigung dazu haben, in den kommenden 30 Jahren den betreffenden Betrag einzutreiben. Damit müssen Sie einen Gerichtsvollzieher beauftragen. Sind zwischenzeitlich weitere Mietschulden aufgelaufen, können Sie den Mietvertrag kündigen.

Schritt-für-Schritt-Anleitung: Was ist zu tun, wenn der Mieter nicht zahlt?

89

7. Prüfen Sie, ob Ihr Mieter zahlungsunfähig ist

Beim Amtsgericht erfahren Sie, ob Ihr Mieter den „Offenbarungseid" geleistet hat. Dann ist er zahlungsunfähig. Das ist für Sie der ungünstigste Fall. Denn es hilft Ihnen gar nichts, wenn Sie einen vollstreckbaren Titel erstreiten, der sich gar nicht vollstrecken lässt. In solchen Fällen lohnt es sich nicht, der ausstehenden Miete (und den Anwaltskosten) noch weiteres Geld hinterherzuwerfen. Zumal es Sie vermutlich noch eine Kleinigkeit kosten wird, den Mieter loszuwerden. Solange keine Zahlungsunfähigkeit eingetreten ist, besteht Hoffnung, dass Sie an Ihr Geld kommen.

8. Versuchen Sie ein letztes Mal, eine konstruktive Lösung zu erzielen

Wer in der Schuldenfalle sitzt, hat eine andere Wahrnehmung des Problems als Sie. Er sieht keine Lösung und ist ja nicht nur mit Ihren Zahlungsforderungen konfrontiert. Drohungen bewirken aber nur, dass sich der Mieter weiter verschließt.

Im Normalfall besteht aber auf beiden Seiten das Interesse, einen „Offenbarungseid" abzuwenden. Auch wenn es sehr schwerfällt, kommen Sie Ihrem Mieter entgegen. Denn so können Sie auf längere Sicht sehr viel mehr für sich herausholen, als wenn der Mieter in seinen Schulden untergeht. Aber natürlich muss er auch bereit sein, einen Schritt auf Sie zuzugehen und seine Schulden nach und nach abzutragen.

Handeln Sie am besten einen Mietaufhebungsvertrag aus. Falls Sie sich nicht einigen können, schalten Sie einen Vermittler ein, zum Beispiel einen Anwalt oder Schuldenberater. Wenn die Einigung gelingt, zieht der Mieter aus. Ansonsten müssen Sie ihm kündigen oder Räumungsklage erheben.

9. Sprechen Sie die Kündigung aus

Unter bestimmten Voraussetzungen ist eine fristlose Kündigung möglich, nämlich dann, wenn der Mieter an zwei aufeinanderfolgenden Terminen mit der Miete oder einem erheblichen Teil der Miete in Verzug ist. Oder wenn er über einen Zeitraum, der sich über mehr als zwei Zahlungstermine erstreckt, mit einem Betrag in Höhe von zwei Monatsmieten in Verzug ist (§ 543 Absatz 2 Nr. 3 BGB).

Der Mieter kann eine solche Kündigung abwenden, indem er auf einen Schlag sämtliche Schulden begleicht. Das muss er aber erst bis spätestens zwei Monate nach Zustellung der Räumungsklage tun! Allerdings hat er auch sämtliche Anwalts- und Gerichtskosten zu tragen, die bis dahin anfallen. Wollen Sie also sichergehen, dass Ihr Mieter Ihnen nicht doch noch treu bleibt, sprechen Sie ihm vorsorglich zusätzlich eine ordentliche Kündigung aus.

Auch wenn ein Mieter immer wieder unregelmäßig zahlt, ist die ordentliche Kündigung der Weg. Mogelt er sich mit seinem Zahlungsrückstand immer wieder an der Grenze zur fristlosen Kündigung vorbei, können Sie ihm nach § 573 Absatz 2 Nr. 1 ordentlich kündigen. Falls ein Mieter auf Ihre Kündigung hin nicht auszieht, erheben Sie Räumungsklage.

10. Erheben Sie Räumungsklage

Schalten Sie einen Anwalt ein, wenn Sie Räumungsklage erheben. Das Ergebnis: Der Mieter zieht aus. Bleibt er dennoch wohnen, findet eine Gerichtsverhandlung statt. Hat die Klage Erfolg, bekommen Sie einen „Räumungstitel" und dem Mieter wird eine „Räumungsfrist" gesetzt. Räumt der Mieter nach Ablauf dieser Frist nicht die Wohnung, kommt es zur Zwangsvollstreckung oder Wiedereinweisung.

11a. Mieter zieht aus

Erst wenn ein Mieter die Wohnung geräumt hat, dürfen Sie sie wieder in Besitz nehmen. Nicht selten zieht ein Mieter im Streitfall unangekündigt aus und hinterlässt die Wohnung einfach. Unter welchen Bedingungen es dann sinnvoll ist, Strafanzeige gegen den Mieter zu stellen, sagt Ihnen Ihr Anwalt. Nehmen Sie nach dem Auszug des Mieters Ihre Wohnung wieder in Besitz.

ODER

11b. Es kommt zur Wiedereinweisung

Die Gemeinde kann eine Verfügung erwirken und einen gekündigten Mieter für drei bis sechs Monate bei Ihnen wiedereinweisen, um dessen Obdachlosigkeit abzuwenden. In diesem Fall übernimmt die Gemeinde die Miete. Danach zieht der Mieter aus oder es kommt zur Zwangsvollstreckung

12. Erwirken Sie die Zwangsvollstreckung

Stellen Sie einen Antrag beim Amtsgericht, um die Zwangsvollstreckung zu erwirken. Erst dann kann der Gerichtsvollzieher räumen. Eine Zwangsvollstreckung ist teuer. Sie müssen mit mehreren tausend Euro rechnen. Zwar haben Sie theoretisch Anspruch darauf, dass der Mieter Ihnen diese Kosten erstattet. Doch die werden Sie wohl kaum wiederbekommen. Und Sie schießen zusätzlich eventuell Speditions- und Lagerkosten vor. Ist die Wohnung geräumt, nehmen Sie sie wieder in Besitz.

Zu diesem Vorgehen gibt es keine Alternative. Vor solchen Risiken können Sie sich nur durch eine Vermieter-Rechtsschutzversicherung schützen, die aber teuer ist.

Musterbriefe bei verspäteter, unregelmäßiger oder ausbleibender Mietzahlung

Nun folgen die ersten Musterbriefe. Wie Sie damit arbeiten, haben Sie ja schon in der „Gebrauchsanweisung" am Anfang des Buchs gelesen. Die Briefe sind so angeordnet, dass sie eine gewisse logische Abfolge haben: angefangen mit der prompten Reaktion auf die erste verspätete Mietzahlung über Briefe an den Mieter, der schon öfter vergessen hat rechtzeitig zu bezahlen, bis hin zur fristlosen Kündigung und der Reaktion auf eine unberechtigte oder überhöhte Mietminderung.

Die Erläuterungen zu den Briefen helfen Ihnen, die Hintergründe besser zu verstehen. Und Sie erfahren, welche Formulierungen in Ihrem Brief unbedingt auftauchen sollten und welche Sie besser vermeiden. Zum besseren Verständnis haben wir auch die Gesetzestexte angegeben, auf denen in den Briefen Bezug genommen wird. Selbstverständlich können Sie die Briefe nach Ihren Vorstellungen verändern; es ist sogar empfehlenswert, wenn Sie die Texte auf Ihren Bedarf hin zuschneiden. Dabei darf eben nicht das Wesentliche verlorengehen. Lesen Sie die Kommentare daher gründlich, damit dies nicht geschieht.

Kommentar zu Musterbrief 1: Verspätete Mietzahlung

Ausgangslage

Die Miete ist bei Ihnen eingegangen, aber ein paar Tage zu spät. Sollen Sie darüber hinweggehen? Keineswegs. Machen Sie von Anfang an klar, dass Sie unpünktliche Zahlungen nicht hinnehmen. Das kann (und sollte auch) in einem sachlichen und höflichen Ton geschehen.

❶ Verspätete Mietzahlung

Der Mieter soll auf den ersten Blick erkennen können, worum es geht: Er hat nicht pünktlich bezahlt. Diese Signalwirkung ist der Sinn der Betreffzeile, die noch vor der Anrede steht. Die Bezeichnung „Betreff" stellt man jedoch schon länger nicht mehr voran. Das wirkt heute förmlich und verstaubt.

❷ nämlich am _____

Lassen Sie Fakten sprechen und geben Sie unbedingt an, wann die Miete bei Ihnen eingegangen ist. Womöglich hat Ihr Mieter ja eine Erklärung dafür und er hat die Verzögerung „gar nicht zu vertreten", wie es im Juristendeutsch heißt.

❸ am dritten Werktag auf meinem Konto sein

Das setzt voraus, dass Sie in Ihrem Mietvertrag eine entsprechende Vereinbarung getroffen haben (wie die in unserem Mustermietvertrag). Ansonsten ist nicht der Zahlungseingang auf Ihrem Konto maßgeblich, sondern die Überweisung vom Konto Ihres Mieters. Das sollten Sie berücksichtigen. In diesem Fall könnten Sie schreiben: „... am dritten Werktag des betreffenden Monats im Voraus entrichtet werden. Die Miete hätte also spätestens am _____ auf meinem Konto sein müssen." Je nach Geldinstitut sollten Sie drei, vier Tage für die Überweisung einkalkulieren. Mehr nicht, denn mit der Zeitspanne, die Sie hier angeben, setzen Sie den Maßstab, an dem sich Ihr Mieter orientieren kann.

❹ Ich bitte Sie, in Zukunft dafür zu sorgen

Sie haben Ihren Mieter nur auf die unpünktliche Zahlung hingewiesen. Unmittelbare Folgen hat das zunächst keine. Doch lassen Sie durchblicken, dass Sie eine fristgerechte Zahlung erwarten.

Sandra Klangberg
Beerbaumstraße 12
82166 Gräfelfing

Herrn
Thomas Meyer
Martiusstraße 155
80202 München   Gräfelfing, 20.6.2014

(1) Verspätete Mietzahlung

Sehr geehrter Herr Meyer,

(2) Ihre Miete für den Monat _____ ist bei mir verspätet eingegangen, nämlich am

(3) _____. Nach unserem Mietvertrag muss sie jedoch spätestens am dritten Werktag

des betreffenden Monats auf meinem Konto sein, das wäre der _____. Ich bitte Sie

(4) daher, in Zukunft dafür zu sorgen, dass die Zahlung rechtzeitig bei mir eingeht.

Mit freundlichen Grüßen

Sandra Klangberg

Kommentar zu Musterbrief 2: Mietrückstand (erstmalig)

Ausgangslage

Sie stellen fest, dass Ihr Mieter seine Miete noch nicht überwiesen hat. Das kommt zum ersten Mal vor. Doch sollten Sie mit Ihrem Schreiben nicht lange warten. Im Gegenteil: Stellt Ihr Mieter fest, dass Sie sofort reagieren, wird ihm deutlich, dass er seine Mietzahlung nicht einfach mal ein bisschen später überweisen kann.

❶ Miete für den Monat ... noch nicht bezahlt

Sie müssen dem Mieter mitteilen, für welchen Monat die Miete aussteht. Auch wenn sich das aus dem Zusammenhang ergeben mag, ist es gerade in Hinblick auf das weitere Geschehen ratsam, von Anfang an die Mietrückstände richtig zuzuordnen.

❷ Nach unserem Mietvertrag

Es ist immer empfehlenswert, auf den Mietvertrag Bezug zu nehmen. Denn er bildet die Grundlage für ein Mietverhältnis. Noch besser ist es, wenn Sie sich auf den betreffenden Paragrafen im Vertrag beziehen (wir haben das hier nicht getan, weil wir die Nummerierung in Ihrem Mietvertrag ja nicht kennen).

❸ gerichtliches Mahnverfahren

Der Hinweis auf das gerichtliche Mahnverfahren hat häufig eine stark disziplinierende Wirkung. Niemand möchte sich gerne seinen Zahlungsbescheid vom Gerichtsvollzieher zustellen lassen – und noch extra dafür zahlen.

❹ einschließlich der bis dahin aufgelaufenen Verzugszinsen

Im Unterschied zu anderen Zahlungserinnerungen und Mahnungen bei unbezahlten Rechnungen müssen Sie keine Frist festlegen, um den Mieter „in Verzug" zu setzen. Er befindet sich bereits in Verzug und Sie hätten theoretisch bereits jetzt Anspruch auf Verzugszinsen. Doch in diesem frühen Stadium sollten Sie das erst einmal auf sich beruhen lassen. Es dürfte sich ohnehin nur um ein paar Cent handeln.

❺ sorgen Sie bitte in Zukunft dafür, dass die Zahlung rechtzeitig eingeht

Vergessen Sie nicht den dezenten Hinweis darauf, dass Sie es nicht hinnehmen werden, wenn der Mieter nochmals verspätet überweist.

Sandra Klangberg
Beerbaumstraße 12
82166 Gräfelfing

Herrn
Thomas Meyer
Martiusstraße 155
80202 München   Gräfelfing, 20.6.2014

Mietrückstand

Sehr geehrter Herr Meyer,

① bis jetzt haben Sie Ihre Miete für den Monat _____ noch nicht bezahlt. Nach unse-
② rem Mietvertrag ist die Miete jedoch spätestens am dritten Werktag jedes Monats fällig.
   Bitte begleichen Sie umgehend den Betrag, da ich sonst gezwungen bin, ein gerichtliches
③ Mahnverfahren einzuleiten. Die Kosten dafür müssten Sie übernehmen, einschließlich der
④ bis dahin aufgelaufenen Verzugszinsen.

⑤ Lassen Sie es nicht so weit kommen. Überweisen Sie die Miete auf mein Konto und sorgen
   Sie bitte in Zukunft dafür, dass die Zahlung rechtzeitig bei mir eingeht.

Mit freundlichen Grüßen

Sandra Klangberg

Kommentar zu Musterbrief 3: Erneuter Mietrückstand

Ausgangslage

Ihr Mieter ist schon einmal mit seiner Mietzahlung in Verzug gekommen und Sie haben ihn bereits gemahnt, die Miete rechtzeitig zu bezahlen (Musterbrief 2). Nun darf der Ton schon ein wenig energischer ausfallen.

① die Miete am dritten Werktag jedes Monats bei mir eingehen muss

Diese Formulierung können Sie natürlich nur verwenden, wenn Sie das so in Ihrem Mietvertrag vereinbart haben (wie es in unserem Mustermietvertrag der Fall ist). Ansonsten verwenden Sie die Formulierung „zu entrichten ist". So steht es nämlich auch im Gesetz (§ 556b Absatz 1 BGB). Das heißt aber, dass Ihr Mieter bis zum dritten Werktag Zeit hat, die Summe von seinem Konto zu überweisen. Geht das Geld erst drei, vier Tage später bei Ihnen ein, hat er dennoch die Frist gewahrt.

② Hauptpflichten als Mieter

So steht es im Gesetz, § 535 BGB regelt „Inhalt und Hauptpflichten des Mietvertrags". In Absatz 2 heißt es: „Der Mieter ist verpflichtet, dem Vermieter die vereinbarte Mieter zu entrichten." Und das bedeutet selbstverständlich auch: rechtzeitig.

③ fristlose Kündigung

Manchen Mietern ist gar nicht bewusst, dass eine nachlässige Zahlungsmoral ernsthafte Konsequenzen haben kann. Indem Sie Ihren Mieter darauf hinweisen, bleiben Sie höflich. Sie drohen nicht, sondern Sie klären ihn auf und zeigen sich kompetent.

④ Im Interesse unseres bisher intakten Mieter-Vermieter-Verhältnisses

In diesem Stadium ist es durchaus noch angebracht, daran zu appellieren. Denn in aller Regel ist ja auch der Mieter an einem guten Verhältnis mit Ihnen interessiert. Machen Sie ihn darauf aufmerksam, dass er durch sein Verhalten Ihr Vertrauen aufs Spiel setzt.

Sandra Klangberg
Beerbaumstraße 12
82166 Gräfelfing

Herrn
Thomas Meyer
Martiusstraße 155
80202 München   Gräfelfing, 20.6.2014

Erneuter Mietrückstand

Sehr geehrter Herr Meyer,

bis jetzt haben Sie Ihre Miete für den Monat _____ noch nicht bezahlt. Das ist jetzt
das zweite Mal, dass die Miete verspätet bei mir eingeht. Ich hatte Sie schon damals
darauf hingewiesen, dass nach unserem Mietvertrag die Miete spätestens am dritten
Werktag jedes Monats bei mir eingehen muss. Die fristgerechte Zahlung der Miete gehört
zu Ihren Hauptpflichten als Mieter. Eine verspätete Zahlung stellt einen erheblichen Verstoß gegen den Mietvertrag dar und rechtfertigt in schweren Fällen sogar die fristlose
Kündigung.

Überweisen Sie daher umgehend den Betrag auf mein Konto. Ansonsten muss ich ein
gerichtliches Mahnverfahren einleiten. Die Kosten einschließlich der bis dahin aufgelaufenen Verzugszinsen hätten Sie zu tragen. Im Interesse unseres bisher intakten Mieter-
Vermieter-Verhältnisses stellen Sie sicher, dass in Zukunft die Zahlungen rechtzeitig bei
mir eingehen.

Mit freundlichen Grüßen

Sandra Klangberg

Kommentar zu Musterbrief 4: Abmahnung wegen unpünktlicher/unvollständiger Zahlung

Ausgangslage

Ihr Mieter zahlt seine Miete zum wiederholten Mal unpünktlich und/oder unvollständig. Sie haben ihn bereits aufgefordert, fristgerecht zu zahlen. Doch setzt Ihr Mieter sein Verhalten fort. In diesem Fall sollten Sie ihn abmahnen. Zwar können Sie bei Zahlungsrückstand unter bestimmten Voraussetzungen das Mietverhältnis auch ohne Abmahnung fristlos kündigen. Jedoch sollten Sie sich mit einer Abmahnung absichern, zumal Sie dann dem Mieter (womöglich auch fristlos) kündigen können, wenn er die erwähnten Voraussetzungen noch nicht erfüllt (Musterbrief 8).

① Abmahnung

Das Wörtchen „Abmahnung" gehört unbedingt in die Betreffzeile, um keinen Zweifel daran aufkommen zu lassen, dass es sich hier um den letzten Warnschuss vor der fristlosen Kündigung handelt.

② bezahlen Sie Ihre Miete immer unpünktlich, nämlich _____

Hier listen Sie auf, wann welche Mietzahlungen bei Ihnen verspätet eingegangen sind. Es ist ein bewährtes Grundprinzip der Vermieterbriefe, erst einmal die Fakten zu nennen, ehe Konsequenzen angekündigt oder Forderungen gestellt werden.

③ § 535 Absatz 2 BGB

§ 535 BGB regelt „Inhalt und Hauptpflichten des Mietvertrags". In Absatz 2 heißt es: „Der Mieter ist verpflichtet, dem Vermieter die vereinbarte Miete zu entrichten."

④ Ihr Verhalten stellt einen schweren Verstoß gegen unseren Mietvertrag

Eine fristlose Kündigung ist möglich, wenn es einem Vertragspartner nicht zugemutet werden kann, den Vertrag fortzusetzen. Weisen Sie deutlich darauf hin, dass Sie genau diesen Fall für gegeben halten. Machen Sie klar, dass die verspäteten Zahlungen für Sie eine erhebliche Beeinträchtigung darstellen.

⑤ sehe ich mich gezwungen, das Mietverhältnis fristlos zu kündigen

Eine Abmahnung ohne Ankündigung der fristlosen Kündigung wäre unverbindlich und damit wirkungslos.

Sandra Klangberg
Beerbaumstraße 12
82166 Gräfelfing

Herrn
Thomas Meyer
Martiusstraße 155
80202 München   Gräfelfing, 20.6.2014

① Abmahnung wegen unpünktlicher Mietzahlung

Sehr geehrter Herr Meyer,

② seit mehreren Monaten bezahlen Sie Ihre Miete immer wieder unpünktlich, nämlich

_____

_____

_____

Ich hatte Sie bereits darauf hingewiesen, dass laut Mietvertrag die Miete spätestens am
dritten Werktag des Monats auf meinem Konto sein muss. Die fristgerechte und vollstän-
③ dige Mietzahlung ist nach § 535 Absatz 2 BGB die Hauptpflicht, der Sie als Mieter nach-
④ kommen müssen. Ihr Verhalten stellt demnach einen schweren Verstoß gegen unseren
Mietvertrag dar.

Ich mahne Sie daher, künftig die Miete pünktlich und vollständig zu bezahlen. Ansonsten
⑤ sehe ich mich gezwungen, das Mietverhältnis fristlos zu kündigen.

Mit freundlichen Grüßen

Sandra Klangberg

Kommentar zu Musterbrief 5: Fristlose Kündigung wegen Zahlungsverzug 1

Ausgangslage

Der Mieter hat zwei aufeinanderfolgende Zahlungstermine nicht eingehalten. Daher dürfen Sie ihm fristlos kündigen. Und genau das sollten Sie auch schleunigst tun, um keine Zeit zu verlieren. Wichtig: Ihr Mieter kann die Kündigung abwenden, wenn er auf einen Schlag sämtliche Rückstände nachzahlt. Das kann er noch zwei Monate nach Zustellung der Räumungsklage tun. Wollen Sie diese Möglichkeit von vornherein ausschließen, sollten Sie Ihr Schreiben durch eine „vorsorgliche ordentliche Kündigung" (Musterbrief 10) ergänzen. Oder Sie kündigen wegen schuldhafter Pflichtverletzung – ebenfalls fristlos (Musterbrief 8). Dazu müssen Sie den Mieter aber vorher abmahnen (Musterbrief 4).

1 Inzwischen haben wir bereits den _____ des neuen Monats

So machen Sie Ihre Argumentation schlüssig und nachvollziehbar. Wichtig: Kündigen Sie unter keinen Umständen zu früh! Sonst ist die Kündigung unwirksam und Sie können noch einmal von vorne beginnen.

2 § 543 Absatz 2 Nr. 3a BGB

Außerordentliche fristlose Kündigung aus wichtigem Grund: „Ein wichtiger Grund liegt insbesondere vor, wenn der Mieter für zwei aufeinander folgende Termine mit der Entrichtung der Miete oder eines nicht unerheblichen Teils der Miete in Verzug ist."

3 die Wohnung bis spätestens _____ an mich zurückzugeben

Sie müssen dem Mieter eine Räumungsfrist von etwa 14 Tagen gewähren, nachdem er die Kündigung erhalten hat.

4 Räumungsklage erheben

Weisen Sie den Mieter darauf hin, mit welchen Konsequenzen er zu rechnen hat, wenn er die Wohnung nicht an Sie zurückgibt.

5 § 545 BGB

„Setzt der Mieter nach Ablauf der Mietzeit den Gebrauch der Mietsache fort, so verlängert sich das Mietverhältnis auf unbestimmte Zeit, sofern nicht eine Vertragspartei ihren entgegenstehenden Willen innerhalb von zwei Wochen dem anderen Teil erklärt. Die Frist beginnt (...) für den Vermieter mit dem Zeitpunkt, in dem er von der Fortsetzung Kenntnis erhält."

Sandra Klangberg
Beerbaumstraße 12
82166 Gräfelfing

Herrn
Thomas Meyer
Martiusstraße 155
80202 München   Gräfelfing, 20.6.2014

Fristlose Kündigung

Sehr geehrter Herr Meyer,

für den vergangenen Monat haben Sie bisher keine Miete bezahlt. Nach unserem Mietvertrag ist die Miete jedoch spätestens am dritten Werktag des betreffenden Monats
fällig. Inzwischen haben wir bereits den _____ des neuen Monats, und auch die inzwischen fällige Miete haben Sie nicht beglichen. Daher bin ich nach § 543 Absatz 2 Nr. 3a
BGB berechtigt, Ihnen fristlos zu kündigen, was hiermit geschieht. Ich fordere Sie auf, die
Wohnung unverzüglich zu räumen und in einem vertragsgemäßen Zustand mit sämtlichen Schlüsseln bis spätestens _____ an mich zurückzugeben.

Sollte eine fristgerechte Räumung nicht erfolgen, werde ich ohne weitere Ankündigung
Räumungsklage erheben. Selbstverständlich entbindet Sie diese Kündigung nicht von der
Verpflichtung, die ausstehende Miete umgehend zu bezahlen. Einer Fortsetzung des Mietverhältnisses über den Kündigungszeitpunkt hinaus im Sinne von § 545 BGB wird bereits
heute widersprochen.

Mit freundlichen Grüßen

Sandra Klangberg

Kommentar zu Musterbrief 6: Fristlose Kündigung wegen Zahlungsverzug 2

Ausgangslage

An zwei aufeinanderfolgenden Zahlungsterminen ist der Mieter mit einem „erheblichen Teil der Miete" in Verzug. So steht es im Gesetz, und zwar in dem bereits zitierten § 543 Absatz 2 Nr. 3a BGB (siehe Seite 102, Ziffer 2). Dabei bedeutet ein „erheblicher Teil", dass es sich um einen Betrag handeln muss, der eine Monatsmiete übersteigt (§ 569 Absatz 3 Nr. 1 BGB). Achtung: Die Nebenkostenvorauszahlung gilt hier als Teil der Miete. In einem solchen Fall dürfen Sie fristlos kündigen. Eine Abmahnung ist nicht erforderlich (wenn Sie abgemahnt haben, ist das auch kein Nachteil). Selbstverständlich gilt auch hier der Hinweis wie bei Musterbrief 5: Womöglich sollten Sie Ihr Schreiben durch eine „vorsorgliche ordentliche Kündigung" (Musterbrief 10) ergänzen.

① Zahlungsrückstand mehr als eine Monatsmiete

Durch diesen Hinweis wird Ihre Argumentation lückenlos nachvollziehbar.

② § 543 Absatz 2 Nr. 3a BGB

Außerordentliche fristlose Kündigung aus wichtigem Grund: „Ein wichtiger Grund liegt insbesondere vor, wenn der Mieter für zwei aufeinander folgende Termine mit der Entrichtung der Miete oder eines nicht unerheblichen Teils der Miete in Verzug ist."

③ die Wohnung bis spätestens _____ an mich zurückzugeben

Sie müssen dem Mieter eine Räumungsfrist von etwa 14 Tagen gewähren, nachdem er die Kündigung erhalten hat.

④ Räumungsklage erheben

Weisen Sie den Mieter darauf hin, mit welchen Konsequenzen er zu rechnen hat, wenn er die Wohnung nicht an Sie zurückgibt.

⑤ § 545 BGB

„Setzt der Mieter nach Ablauf der Mietzeit den Gebrauch der Mietsache fort, so verlängert sich das Mietverhältnis auf unbestimmte Zeit, sofern nicht eine Vertragspartei ihren entgegenstehenden Willen innerhalb von zwei Wochen dem andern Teil erklärt. Die Frist beginnt (...) für den Vermieter mit dem Zeitpunkt, in dem er von der Fortsetzung Kenntnis erhält."

Sandra Klangberg
Beerbaumstraße 12
82166 Gräfelfing

Herrn
Thomas Meyer
Martiusstraße 155
80202 München   Gräfelfing, 20.6.2014

Fristlose Kündigung

Sehr geehrter Herr Meyer,

von der monatlichen Miete (einschließlich Nebenkosten) in Höhe von _____ Euro
haben Sie im vergangenen Monat nur _____ Euro und in diesem Monat nur _____

❶ Euro bezahlt. Damit beträgt Ihr Zahlungsrückstand mehr als eine Monatsmiete und Sie
sind mit einem erheblichen Teil der Miete in Verzug.

❷ Daher bin ich nach § 543 Absatz 2 Nr. 3a BGB berechtigt, Ihnen fristlos zu kündigen, was
hiermit geschieht. Ich fordere Sie auf, die Wohnung unverzüglich zu räumen und in einem

❸ vertragsgemäßen Zustand mit sämtlichen Schlüsseln bis spätestens _____ an mich
zurückzugeben.

Sollte eine fristgerechte Räumung nicht erfolgen, werde ich ohne weitere Ankündigung

❹ Räumungsklage erheben. Selbstverständlich entbindet Sie diese Kündigung nicht von der
Verpflichtung, die ausstehende Miete umgehend zu bezahlen. Einer Fortsetzung des Miet-

❺ verhältnisses über den Kündigungszeitpunkt hinaus im Sinne von § 545 BGB wird bereits
heute widersprochen.

Mit freundlichen Grüßen

Sandra Klangberg

Kommentar zu Musterbrief 7: Fristlose Kündigung wegen Zahlungsverzug 3

Ausgangslage

Ihr Mieter überweist Ihnen immer wieder Teilbeträge der Miete. Seine Rückstände entsprechen mittlerweile insgesamt zwei Monatsmieten. Das berechtigt Sie zur fristlosen Kündigung; auch hier ist keine Abmahnung erforderlich. Zur „vorsorglichen ordentlichen Kündigung" und fristlosen Kündigung wegen schuldhafter Pflichtverletzung gelten die gleichen Hinweise wie bei Musterbrief 5.

① Aufstellung in der Anlage

Listen Sie alle Zahlungseingänge auf und stellen Sie dem die Mietforderungen gegenüber. Vergessen Sie nicht die Nebenkostenvorauszahlung. Sie wird hier als Teil der Miete betrachtet.

② § 543 Absatz 2 Nr. 3b BGB

Außerordentliche fristlose Kündigung aus wichtigem Grund: „Ein wichtiger Grund liegt insbesondere vor, wenn der Mieter in einem Zeitraum, der sich über mehr als zwei Termine erstreckt, mit der Entrichtung der Miete in Höhe eines Betrages in Verzug ist, der die Miete für zwei Monate erreicht."

③ die Wohnung bis spätestens _____ an mich zurückzugeben

Sie müssen dem Mieter eine Räumungsfrist von etwa 14 Tagen gewähren, nachdem er die Kündigung erhalten hat.

④ Räumungsklage erheben

Weisen Sie den Mieter darauf hin, mit welchen Konsequenzen er zu rechnen hat, wenn er die Wohnung nicht an Sie zurückgibt.

⑤ § 545 BGB

Stillschweigende Verlängerung des Mietverhältnisses: „Setzt der Mieter nach Ablauf der Mietzeit den Gebrauch der Mietsache fort, so verlängert sich das Mietverhältnis auf unbestimmte Zeit, sofern nicht eine Vertragspartei ihren entgegenstehenden Willen innerhalb von zwei Wochen dem andern Teil erklärt. Die Frist beginnt (...) für den Vermieter mit dem Zeitpunkt, in dem er von der Fortsetzung Kenntnis erhält."

Sandra Klangberg
Beerbaumstraße 12
82166 Gräfelfing

Herrn
Thomas Meyer
Martiusstraße 155
80202 München   Gräfelfing, 20.6.2014

Fristlose Kündigung

Sehr geehrter Herr Meyer,

seit _____ zahlen Sie Ihre Miete nur teilweise und unregelmäßig. Mittlerweile sind

① Sie mit insgesamt _____ Euro im Rückstand, wie Sie der Aufstellung in der Anlage
entnehmen können. Dieser Betrag entspricht mehr als zwei Monatsmieten. Daher bin ich

② nach § 543 Absatz 2 Nr. 3b BGB berechtigt, Ihnen fristlos zu kündigen, was hiermit geschieht. Ich fordere Sie auf, die Wohnung unverzüglich zu räumen und in einem vertrags-

③ gemäßen Zustand mit allen Schlüsseln bis spätestens _____ an mich zurückzugeben.

Sollte eine fristgerechte Räumung nicht erfolgen, werde ich ohne weitere Ankündigung

④ Räumungsklage erheben. Selbstverständlich entbindet Sie diese Kündigung nicht von der
Verpflichtung, die ausstehende Miete umgehend zu bezahlen. Einer Fortsetzung des Miet-

⑤ verhältnisses über den Kündigungszeitpunkt hinaus im Sinne von § 545 BGB wird bereits
heute widersprochen.

Mit freundlichen Grüßen

Sandra Klangberg

Kommentar zu Musterbrief 8: Fristlose Kündigung wegen unzuverlässiger Mietzahlung

Ausgangslage

Ihr Mieter bezahlt immer wieder zu spät und/oder unvollständig seine Miete. Die Verspätungen sind erheblich, betragen also nicht nur zwei, drei Tage, sondern eine Woche oder mehr. Sie haben Ihren Mieter bereits darauf hingewiesen, dass sein Verhalten eine schwerwiegende Pflichtverletzung gegen den Mietvertrag darstellt, und ihn abgemahnt (Musterbrief 4). Nach einer kurzen Schamfrist geht die Miete wieder mit erheblicher Verspätung bei Ihnen ein. Nun können Sie gemäß § 543 BGB fristlos kündigen – und der Mieter kann mit einer Nachzahlung die Kündigung nicht mehr abwenden.

1 hatte ich Sie bereits abgemahnt

Nehmen Sie auf Ihre Abmahnung unbedingt Bezug, da Sie wegen „schuldhafter Pflichtverletzung" kündigen.

2 § 543 Absatz 3 BGB

Außerordentliche fristlose Kündigung aus wichtigem Grund: „Besteht der wichtige Grund in der Verletzung einer Pflicht aus dem Mietvertrag, so ist die Kündigung erst nach erfolglosem Ablauf einer zur Abhilfe bestimmten angemessenen Frist oder nach erfolgloser Abmahnung zulässig."

3 die Wohnung bis spätestens _____ an mich zurückzugeben

Sie müssen dem Mieter eine Räumungsfrist von etwa 14 Tagen gewähren, nachdem er die Kündigung erhalten hat.

4 Räumungsklage erheben

Weisen Sie den Mieter darauf hin, mit welchen Konsequenzen er zu rechnen hat, wenn er die Wohnung nicht an Sie zurückgibt.

5 § 545 BGB

„Setzt der Mieter nach Ablauf der Mietzeit den Gebrauch der Mietsache fort, so verlängert sich das Mietverhältnis auf unbestimmte Zeit, sofern nicht eine Vertragspartei ihren entgegenstehenden Willen innerhalb von zwei Wochen dem andern Teil erklärt. Die Frist beginnt (...) für den Vermieter mit dem Zeitpunkt, in dem er von der Fortsetzung Kenntnis erhält."

Sandra Klangberg
Beerbaumstraße 12
82166 Gräfelfing

Herrn
Thomas Meyer
Martiusstraße 155
80202 München   Gräfelfing, 20.6.2014

Fristlose Kündigung

Sehr geehrter Herr Meyer,

die Miete für den Monat _____ ist wieder mit erheblicher Verspätung bei mir ein-
gegangen. Wegen Ihrer verspäteten Mietzahlungen hatte ich Sie bereits abgemahnt und
darauf hingewiesen, dass Ihr Verhalten einen schwerwiegenden Verstoß gegen unseren
Mietvertrag darstellt. Da Sie Ihr Verhalten trotz Abmahnung fortsetzen, bin ich nach § 543
Absatz 3 BGB berechtigt, das Mietverhältnis fristlos zu kündigen, was hiermit geschieht.
Ich fordere Sie auf, die Wohnung unverzüglich zu räumen und in einem vertragsgemäßen
Zustand mit sämtlichen Schlüsseln bis spätestens _____ an mich zurückzugeben.

Sollte eine fristgerechte Räumung nicht erfolgen, werde ich ohne weitere Ankündigung
Räumungsklage erheben. Selbstverständlich entbindet Sie diese Kündigung nicht von der
Verpflichtung, die ausstehende Miete umgehend zu bezahlen. Einer Fortsetzung des Mietverhältnisses über den Kündigungszeitpunkt hinaus im Sinne von § 545 BGB wird bereits
heute widersprochen.

Mit freundlichen Grüßen

Sandra Klangberg

Kommentar zu Musterbrief 9: Ordentliche Kündigung wegen unpünktlicher Mietzahlung

Ausgangslage

Ihr Mieter zahlt immer wieder mal unpünktlich, aber er gerät nie so sehr in Verzug, dass Sie ihm fristlos kündigen können (Musterbriefe 5 bis 7). Sie sind sich auch nicht ganz sicher, ob seine Saumseligkeit wirklich eine so schwere Beeinträchtigung Ihrer Interessen darstellt, dass sie eine fristlose Kündigung (Musterbrief 8) rechtfertigt. In diesem Fall können Sie ihm gegenüber zumindest eine ordentliche Kündigung aussprechen, also unter Einhaltung der Kündigungsfrist. Selbstverständlich können Sie auch nach einer Abmahnung (Musterbrief 4) ordentlich kündigen. Oder Sie kombinieren die fristlose Kündigung (8) mit der „vorsorglichen Kündigung" (10).

1 Zahlungstermine entnehmen Sie bitte der Anlage

Fügen Sie eine Aufstellung bei, in der Sie die Zahlungstermine und Zahlungseingänge gegenüberstellen. Aus ihr muss sich ergeben, dass Ihr Mieter immer wieder seine Zahlungstermine nicht einhält.

2 kündige das Mietverhältnis zum _____

Denken Sie an die korrekte Kündigungsfrist von mindestens drei Monaten. Wohnt Ihr Mieter schon länger als fünf Jahre bei Ihnen, beträgt die Frist sechs Monate; nach acht Jahren verlängert sie sich auf neun Monate. Die Kündigung muss spätestens am dritten Werktag beim Mieter sein, damit der betreffende Monat noch mitzählt.

3 § 573 Absatz 2 Ziffer 1 BGB

§ 573 betrifft die „ordentliche Kündigung des Vermieters" und besagt, dass er nur kündigen kann, „wenn er ein berechtigtes Interesse an der Beendigung des Mietverhältnisses hat". Absatz 2 Ziffer 1 führt aus, dass ein berechtigtes Interesse vorliegt, wenn „der Mieter seine vertraglichen Pflichten schuldhaft nicht unerheblich verletzt hat".

4 § 574 BGB

§ 574 betrifft das Widerspruchsrecht des Mieters. Sie sollten ihn unbedingt auf dieses Recht hinweisen, sonst kann er der Kündigung noch viel später widersprechen und seine Einwände vorbringen. Das wäre für Sie ein schwerer Nachteil.

Sandra Klangberg
Beerbaumstraße 12
82166 Gräfelfing

Herrn
Thomas Meyer
Martiusstraße 155
80202 München   Gräfelfing, 20.6.2014

Kündigung

Sehr geehrter Herr Meyer,

seit _____ zahlen Sie Ihre Miete immer wieder unregelmäßig, verspätet oder nur teilweise. Welche Zahlungstermine Sie im Einzelnen nicht eingehalten haben, entnehmen Sie
bitte der Anlage.

Mit Ihrem Verhalten haben Sie Ihre vertragliche Zahlungspflicht erheblich verletzt. Daher
kündige ich das Mietverhältnis zum _____. Nach § 573 Absatz 2 Ziffer 1 BGB bin ich
zu dieser Kündigung berechtigt. Denn wegen der fortgesetzten Verletzung Ihrer Zahlungspflicht habe ich ein besonderes Interesse an der Beendigung des Mietverhältnisses. In
diesem Zusammenhang weise ich Sie darauf hin, dass Ihnen nach § 574 BGB ein Widerspruchsrecht zusteht. Spätestens zwei Monate vor Beendigung des Mietverhältnisses
müsste Ihr Widerspruch mir gegenüber schriftlich erklärt werden. In diesem Fall wäre Ihr
Widerspruch im Einzelnen zu begründen.

Mit freundlichen Grüßen

Sandra Klangberg

Kommentar zu Musterbrief 10: Fristlose Kündigung mit vorsorglicher Kündigung

Ausgangslage

Sie wollen Ihrem Mieter fristlos kündigen. Gleichzeitig möchten Sie vermeiden, dass er durch Zahlung sämtlicher Rückstände die Kündigung noch abwenden kann. Dann sollten Sie das Musterschreiben 9 um einen Absatz erweitern.

1 Zusätzlich kündige ich vorsorglich

Eine vorsorgliche Kündigung tritt nur dann in Kraft, wenn die fristlose Kündigung vom Mieter abgewendet werden sollte. Doch der dürfte gar kein Interesse mehr haben, die fristlose Kündigung abzuwenden, wenn er ohnehin die Wohnung räumen muss. Von daher hat die vorsorgliche ordentliche Kündigung vor allem den Sinn, die fristlose Kündigung zu ermöglichen.

2 § 574 BGB

„Der Mieter kann der Kündigung widersprechen und von ihm eine Fortsetzung des Mietverhältnisses verlangen, wenn die Beendigung des Mietverhältnisses für den Mieter, seine Familie oder einen anderen Angehörigen seines Haushalts eine Härte bedeuten würde, die auch unter Würdigung der berechtigten Interessen des Vermieters nicht zu rechtfertigen wäre (...) Eine Härte liegt auch vor, wenn angemessener Ersatzwohnraum zu zumutbaren Bedingungen nicht beschafft werden kann." Bei einer fristlosen Kündigung besteht dieses Widerspruchsrecht übrigens nicht.

3 Die vorsorgliche Kündigung wird nur wirksam

Lassen Sie kein Raum für Missverständnisse. Nicht dass Ihr Mieter annimmt, er könne sich die Art der Kündigung selbst aussuchen.

Sandra Klangberg
Beerbaumstraße 12
82166 Gräfelfing

Herrn
Thomas Meyer
Martiusstraße 155
80202 München   Gräfelfing, 20.6.2014

Kündigung

Sehr geehrter Herr Meyer,

seit _____ zahlen Sie Ihre Miete immer wieder unregelmäßig, verspätet oder nur teilweise. Welche Zahlungstermine Sie im Einzelnen nicht eingehalten haben, entnehmen Sie
bitte der Anlage.

Mit Ihrem Verhalten haben Sie Ihre vertragliche Zahlungspflicht erheblich verletzt. Daher
kündige ich das Mietverhältnis zum _____. Nach § 573 Absatz 2 Ziffer 1 BGB bin
ich zu dieser Kündigung berechtigt. Denn wegen der fortgesetzten Verletzung Ihrer Zahlungspflicht habe ich ein besonderes Interesse an der Beendigung des Mietverhältnisses.

❶ Zusätzlich kündige ich vorsorglich das Mietverhältnis fristgerecht zum _____. Zu dieser
Kündigung bin ich nach § 573 Absatz 2 Ziffer 1 BGB berechtigt. Mit Ihrem Verhalten
haben Sie Ihre vertragliche Zahlungspflicht erheblich verletzt. Ich habe daher ein besonderes Interesse an einer Beendigung des Mietverhältnisses.

❷ In diesem Zusammenhang weise ich darauf hin, dass Ihnen in beiden Fällen nach § 574
BGB ein Widerspruchsrecht zusteht. Spätestens zwei Monate vor Beendigung des Miet-
verhältnisses müsste Ihr Widerspruch mir gegenüber schriftlich erklärt werden. In diesem
Fall wäre Ihr Widerspruch im Einzelnen zu begründen.

❸ Die vorsorgliche Kündigung wird nur wirksam, wenn die fristlose Kündigung von Ihnen
abgewendet werden oder aus irgendwelchen Gründen unwirksam sein sollte. Selbstverständlich werde ich Räumungsklage erheben, sollten Sie die von mir gesetzte Räumungsfrist nicht einhalten.

Mit freundlichen Grüßen

Sandra Klangberg

Kommentar zu Musterbrief 11: Vorgeschobene Mietminderung

Ausgangslage

Ihr Mieter begründet seinen Zahlungsrückstand damit, dass er die Miete mindert. Diese Begründung ist jedoch ganz offensichtlich vorgeschoben, um eine Kündigung abzuwenden. Dennoch tun Sie gut daran, sich mit den Gründen zu beschäftigen und sie gegebenenfalls vor Ort zu überprüfen. Dann sollte es Ihnen gelingen, die Mietminderung umso überzeugender zurückzuweisen.

1 dass Sie die Miete mindern, weil

Wiederholen Sie die Begründung des Mieters für seine Mietminderung, um sie dann zu widerlegen.

2 rechtfertigt auch keine Mietminderung, denn

Als typische Gründe kommen in Betracht:

1. Der Mangel ist unerheblich. Es handelt sich um einen Bagatellschaden oder aber die Beeinträchtigung ist ortsüblich (zum Beispiel Lärm durch spielende Kinder in einer Wohnanlage mit vielen Familien).

2. Der Mieter hat den Schaden durch unsachgemäße Benutzung selbst herbeigeführt.

3. Der Mangel war bei Abschluss des Mietvertrags schon bekannt.

4. Der Mieter hat den Mangel vorher widerspruchslos hingenommen und mindert nun unvermittelt die Miete.

5. Der Mangel bestand schon länger und der Mieter hat versäumt ihn anzuzeigen. Erst dadurch hat sich der Schaden verschlimmert.

Wichtig: Entgegen einer weit verbreiteten Meinung kann der Mieter jedoch Mängel geltend machen, die Sie als Vermieter gar nicht abstellen können. Wenn sie erheblich sind und den „vertragsgemäßen Gebrauch der Mietsache" einschränken, darf der Mieter mindern.

3 Ich fordere Sie auf, die ausstehende Miete ... zu überweisen

Damit bringen Sie die Angelegenheit hoffentlich zu einem guten Ende. Setzen Sie dem Mieter eine Frist. Hält er die nicht ein, riskiert er Ärger.

Sandra Klangberg
Beerbaumstraße 12
82166 Gräfelfing

Herrn
Thomas Meyer
Martiusstraße 155
80202 München   Gräfelfing, 20.6.2014

Ihre Mietminderung

Sehr geehrter Herr Meyer,

die Miete für den Monat _____ haben Sie bis jetzt noch nicht vollständig bezahlt.
Anstatt der vertraglich vereinbarten _____ Euro haben Sie lediglich _____ Euro

❶ überwiesen. Hierzu haben Sie mir mitgeteilt, dass Sie die Miete mindern, weil

_____

_____ .

Diese Begründung ist jedoch nicht stichhaltig und rechtfertigt auch keine Mietminderung,
denn _____

❷

_____ .

❸ Daher kann ich Ihre Mietminderung nicht akzeptieren. Ich fordere Sie auf, die ausstehende Miete bis zum _____ auf mein Konto zu überweisen. Andernfalls gilt die Miete als
nicht gezahlt und ich werde ein gerichtliches Mahnverfahren einleiten. Die Kosten dafür
hätten Sie zu übernehmen. Darüber hinaus riskieren Sie eine Kündigung, denn die vollständige und fristgerechte Mietzahlung ist nach § 535 Absatz 2 BGB die Hauptpflicht für
Sie als Mieter. Ersparen Sie uns eine solche unerfreuliche Entwicklung.

Mit freundlichen Grüßen

Sandra Klangberg

Kommentar zu Musterbrief 12: Überzogene Mietminderung

Ausgangslage

Ihr Mieter mindert die Miete wegen eines Mangels, der ohne Zweifel besteht und der nicht unerheblich ist. Doch ist seine Minderung vollkommen überzogen. Dieser Fall ist gar nicht so selten, denn einige Mieter überschätzen das Ausmaß, in dem sie die Miete mindern dürfen.

① wegen _____ die Miete mindern

Nehmen Sie immer Bezug auf den Grund der Mietminderung.

② § 536 BGB

„Mietminderung bei Sach- und Rechtsmängeln", Absatz 1: „Hat die Mietsache zur Zeit der Überlassung an den Mieter einen Mangel, der ihre Tauglichkeit zum vertragsgemäßen Gebrauch aufhebt, oder entsteht während der Mietzeit ein solcher Mangel, so ist der Mieter für die Zeit, in der die Tauglichkeit aufgehoben ist, von der Entrichtung der Miete befreit. Für die Zeit, während der die Tauglichkeit gemindert ist, hat er nur eine angemessen herabgesetzte Miete zu entrichten. Eine unerhebliche Minderung der Tauglichkeit bleibt außer Betracht."

③ In vergleichbaren Fällen

Orientieren Sie sich bei Ihrer Angabe eher nach unten, denn einen niedrigeren Betrag werden Sie als Mietminderung eher akzeptieren wollen.

④ als nicht gezahlte Miete gilt

Ihr Mieter muss wissen: Eine überhöhte Mietminderung kann für ihn äußerst unangenehme Folgen haben.

⑤ Ich fordere Sie auf

An den Schluss gehört Ihr Gegenangebot. Dabei können Sie durchaus mit Ihrem Mieter weiter verhandeln und sich auf einen angemessenen „Nachlass" einigen, den Sie dem Mieter nur so lange gewähren müssen, wie der Mangel besteht. Und noch etwas sollten Sie wissen: Der Mieter kann nicht für die Vergangenheit mindern, sondern erst ab dem Zeitpunkt, an dem er einen Mangel bei Ihnen anzeigt.

Sandra Klangberg
Beerbaumstraße 12
82166 Gräfelfing

Herrn
Thomas Meyer
Martiusstraße 155
80202 München   Gräfelfing, 20.6.2014

Ihre Mietminderung

Sehr geehrter Herr Meyer,

❶ in Ihrem Schreiben vom _____ haben Sie mir mitgeteilt, dass Sie wegen _____
_____ die Miete mindern. Anstatt der vertraglich
vereinbarten _____ Euro werden Sie lediglich _____ Euro überweisen, bis der
Mangel behoben ist. Das entspricht einer Mietminderung um _____ Prozent.

Hierzu stelle ich fest, dass eine Mietminderung in dieser Höhe völlig unangemessen ist.
❷ Nach § 536 BGB dürfen Sie die Miete nicht nach Belieben mindern, sondern müssen die
❸ Verhältnismäßigkeit wahren. In vergleichbaren Fällen ist eine Minderung von allenfalls
_____ Prozent möglich, bei Ihrer Miete entspricht das _____ Euro. Es würde sich dem-
❹ nach ein Fehlbetrag von _____ Euro ergeben, der als nicht gezahlte Miete gilt. Ich
weise Sie darauf hin, dass Sie dadurch nicht nur eine Zahlungsklage riskieren, bei der Sie
die Kosten zu tragen hätten, die Ihre Mietminderung bei weitem übersteigen würden.
❺ Darüber hinaus riskieren Sie auch eine fristlose Kündigung wegen Zahlungsverzug. Ich
fordere Sie daher auf, die Verhältnismäßigkeit zu wahren und die Miete allenfalls um
_____ Euro zu kürzen.

Mit freundlichen Grüßen

Sandra Klangberg

Übersicht zur Mietminderung

Wie stark die Miete gemindert werden darf, dafür gibt es keine festen Größen. Es kommt immer auf den betreffenden Einzelfall an. Sehr wichtig für die Beurteilung, ob überhaupt ein Mangel besteht, der eine Minderung rechtfertigt, sind auch die folgenden Punkte:

- Wurden bestimmte Eigenschaften (im Mietvertrag) zugesichert? Sofern es sich um wesentliche Dinge handelt (Ausstattung, Nutzung bestimmter Räume zu bestimmten Zwecken), kann die Minderung durchaus ins Gewicht fallen.

- Welcher Standard ist bei vergleichbaren Objekten üblich? Bei einem denkmalgeschützten Altbau kann der Mieter nicht die gleiche Wärmeisolierung erwarten wie bei einem Neubau.

- Wie stark ist der „Gebrauch der Mietsache" eingeschränkt? Fällt die Heizung im tiefsten Winter aus, muss der Mieter für diese Zeit womöglich gar keine Miete entrichten (weil er die Räume nicht nutzen kann). Im Sommer hingegen dürfte er unter Umständen die Miete überhaupt nicht mindern.

Die folgende Aufstellung kann Ihnen nur einen Anhaltspunkt geben. Sie stützt sich auf Gerichtsurteile: Die Richter hatten zu entscheiden, ob in einem sehr konkreten Einzelfall eine bestimmte Quote angemessen war oder nicht. Dies erklärt eine gewisse Spannbreite der Werte. Dennoch gibt diese Liste Ihnen einen Anhaltspunkt, um einschätzen zu können, ob eine Mietminderung in der Höhe berechtigt ist oder nicht.

- In der Nachbarschaft wurde ein Asylantenheim eingerichtet: keine Mietminderung anerkannt.

- Vom Nachbarbalkon drang Tabakrauch in die Wohnung: keine Mietminderung anerkannt.

- In einem Sanierungsgebiet werden die Fassaden der Nachbarhäuser erneuert, dadurch entsteht Baulärm: keine Mietminderung anerkannt, denn mit den Bauarbeiten war zu rechnen.

- Bäume wachsen schnell und verschatten die Wohnung: Keine Mietminderung anerkannt.

- Mobilfunkantenne wird in der Nähe installiert, der Mieter hat Angst vor Elektrosmog: keine Mietminderung anerkannt.

- Schwitzwasserbildung in einem Neubau: keine Mietminderung anerkannt, weil damit zu rechnen war.

- Haarrisse an der Zimmerdecke: keine Mietminderung anerkannt, weil das ein unerheblicher Mangel ist.

- Nachbarn machen Hausmusik: keine Mietminderung, wenn der Mieter nicht beweisen kann, dass übermäßig lange oder außerhalb der Ruhezeiten musiziert wird.

- Die Gemeinschaftsantenne am Haus ist defekt: ein bis fünf Prozent Mietminderung anerkannt.

- Der Briefkasten ist defekt: zwei Prozent Mietminderung anerkannt.

- Die Klingelanlage ist defekt: zwei bis fünf Prozent Mietminderung anerkannt.

- Backofen/Herd ist nicht nutzbar: drei bis fünf Prozent anerkannt.

- Der Vermieter hatte den Einbau einer Küche zugesichert. Beim Einzug war sie nicht vorhanden: 100 Prozent anerkannt.

- Die vertraglich überlassene Einbauküche war nicht benutzbar: 20 Prozent Minderung anerkannt.

- Wohnung im vierten Stock, der Fahrstuhl fällt aus: zwischen 7,5 und zehn Prozent anerkannt.

- Kakerlaken und Mäusebefall (monatelang): zehn Prozent anerkannt.

- Stadtwohnung nicht benutzbar durch Mäusebefall: 100 Prozent anerkannt.

- Schallisolierung teilweise mangelhaft: 10 Prozent anerkannt.

- Schlecht isolierte Fenster verursachen Zugluft: 7,25 bis 20 Prozent anerkannt.

- Feuchtigkeit im Schlaf- und Kinderzimmer: zehn Prozent anerkannt.

- Warmwasser fehlt: zehn bis 30 Prozent anerkannt.

- Feuchtigkeitsschäden an den Zimmerdecken: 15 bis 25 Prozent anerkannt.

- Das Dachgeschoss ist ausgebaut worden. Weil dabei keine Trittschalldämmung eingebaut wurde, dringen Geräusche in die darunterliegende Wohnung: 20 Prozent anerkannt.

- Neue Isolierglasfenster werden eingebaut. Dadurch ist es erforderlich, dass öfters gelüftet wird. Der Vermieter weist nicht darauf hin. Wegen der unzureichenden Lüftung bildet sich Schimmel: 20 Prozent anerkannt.

- Umfangreiche Bauarbeiten: 15 bis 50 Prozent anerkannt.

- Unangenehmer Gestank aus der Nachbarwohnung: 20 Prozent anerkannt.

- Gesundheitliche Belastung durch Holzschutzmittel: 30 bis 100 Prozent anerkannt.

- Erhebliche Lärmbelästigung nach 22:00 Uhr durch eine Gaststätte im Erdgeschoss des Gebäudes: 40 bis 50 Prozent anerkannt.

- Überschwemmungsschaden, der Teppichboden riecht dadurch unerträglich: 80 Prozent anerkannt.

- Starke Feuchtigkeit mit Modergeruch und Schimmel in Küche, Wohnzimmer und Schlafzimmer: 80 bis 100 Prozent anerkannt.

- Wohnung wegen Brand oder Feuchtigkeit nicht mehr bewohnbar: 100 Prozent anerkannt.

Denken Sie daran: Die Minderungsquote bezieht sich auf die Bruttomiete, also einschließlich der Nebenkosten.

Berechnung der Verzugszinsen

Zahlt der Mieter verspätet, so haben Sie vom ersten Tag an Anspruch auf Verzugszinsen. Sie müssen nicht erst mahnen und einen Zahlungstermin angeben, um den Mieter „in Verzug zu setzen". Vielmehr ist er durch den Mietvertrag verpflichtet, seine Miete zum vereinbarten Zeitpunkt zu entrichten. Insoweit haben Sie bei jeder verspäteten Zahlung Anspruch auf Verzugszinsen. Doch dürften die bei einer ja nicht unerheblichen Verspätung von ein, zwei Wochen noch im Bereich von einem Euro bleiben, sodass es sich kaum lohnt, in diesem Fall Verzugszinsen zu beanspruchen. Psychologisch könnte sogar genau das falsche Signal von den Verzugszinsen ausgehen: Der Mieter könnte sich veranlasst sehen, seine Zahlungen ein wenig herauszuzögern, wenn er nicht mal einen Euro „Strafzinsen" entrichten muss. Das ist ja günstiger als jeder Dispokredit.

Es lohnt sich also erst dann, die Verzugszinsen ins Spiel zu bringen, wenn eine gewisse kritische Masse erreicht ist, wenn es schon richtig unangenehm geworden ist, weil der Zahlungsrückstand eines Mieter bereits über eine gewisse Zeit besteht. Erst dann sollten Sie die Zinsen von ihm einfordern.

Wie hoch sind die Verzugszinsen?

Die Verzugszinsen, die Sie erheben dürfen, liegen fünf Prozentpunkte über dem sogenannten Basiszinssatz, den die Deutsche Bundesbank jedes halbe Jahr neu berechnet und bekannt gibt (im Internet abrufbar unter www.bundesbank.de). Derzeit liegt der Basiszinssatz bei 3,32 Prozent. Sie dürfen also 8,32 Prozent an Verzugszinsen berechnen. Das sind nicht einmal 0,023 Prozent pro Tag. Bei einer Miete von 700 Euro ergeben sich knapp 16 Cent pro Tag. Besteht der Rückstand jedoch schon zwölf Monate, können Sie immerhin 58,24 Euro berechnen – und zwar zusätzlich zu den Mahn- und Gerichtskosten, die in aller Regel um einige Größenordnungen höher ausfallen.

So gehen Sie vor

Sie listen den Zinssatz für die Verzugszinsen auf (Basiszinssatz + fünf Prozentpunkte), die Höhe der Bruttomiete und berechnen den Tageszins (Miete multipliziert mit Zinssatz, dividiert durch 100 * 360). In der folgenden Tabelle stellen Sie dann die Zahlungstermine und die Zahlungseingänge einander gegenüber. Hat der Mieter verspätet gezahlt, tragen Sie die Anzahl der Tage in die vierte Spalte ein. Die Anzahl der Tage multiplizieren Sie mit dem Tageszins. Das Ergebnis tragen Sie in die vierte Spalte ein. Indem Sie alle Rückstände zusammenzählen, erhalten Sie das Gesamtergebnis. Da der Basiszinssatz halbjährlich neu festgelegt wird, ändert sich auch der

Zinssatz für die Verzugszinsen. Folge: Sie müssen für jedes Halbjahr die Zinsen getrennt berechnen und dann zusammenzählen.

Halbjahr: _____		Zinssatz ___ %	Höhe der Miete: _____ Euro	
			Tageszins: _____ Euro	
Miete für	**Zahlungstermin**	**Zahlungseingang**	**Differenz Tage**	**Verzugszinsen**
Januar				
Februar				
März				
April				
Mai				
Juni				
Summe				

Halbjahr: _____		Zinssatz ___ %	Höhe der Miete: _____ Euro	
			Tageszins: _____ Euro	
Miete für	**Zahlungstermin**	**Zahlungseingang**	**Differenz Tage**	**Verzugszinsen**
Juli				
August				
September				
Oktober				
November				
Dezember				
Summe				

Die korrekte Nebenkostenabrechnung

Wenn Sie vermieten, müssen Sie in aller Regel auch über die Nebenkosten abrechnen. Viele Vermieter machen das gar nicht so gern, denn das Abrechnen erscheint ihnen mühsam, zeitaufwendig und wenig lohnend. Nebenkosten sind ja keine eigenen Einkünfte, sondern ein „durchlaufender Posten": Kosten, die Ihnen „durch den Gebrauch der Mietsache" entstanden sind und die Sie vom Mieter eintreiben müssen. Und für diese Dienstleistung dürfen Sie nicht einmal das Porto in Rechnung stellen, als Vermieter erledigen Sie diese Aufgabe kostenlos. Man kann auch sagen: Die Entschädigung ist – wie so vieles – bereits in der Miete enthalten.

Zudem wollen sich viele Vermieter nicht mit der Abrechnung befassen, weil nicht selten Ärger droht. Über kein anderes Thema wird zwischen Mietern und Vermietern so häufig vor Gericht gestritten. Und seit die kommunalen Gebühren und die Energiepreise ständig neue Höhen erreichen, schauen die Mieter besonders aufmerksam hin, was sie zahlen sollen. Und sie erheben immer häufiger Einspruch. Doch gerade deshalb sollten Sie gar keinen Zweifel daran aufkommen lassen, dass Ihre Nebenkostenabrechnung in Ordnung ist. Reklamationen sind ärgerlich, sie kosten Zeit und Geld – vor allem wenn sie berechtigt sind. Insoweit mag die Abrechnung der Nebenkosten eine lästige Pflicht sein, die sich unter dem Strich aber ganz gewiss bezahlt macht.

Um Ihnen diese Aufgabe zu erleichtern, haben wir in unser Buch vier Abrechnungsformulare aufgenommen (ein ausführliches, ein knapperes, eines für Strom/Gas und eines für die Heizkosten). Und Sie finden zwei Musterbriefe, mit denen Sie reagieren können, wenn Ihr Mieter die Abrechnung beanstandet. Die Erläuterungen informieren Sie, worauf Sie im Einzelnen zu achten haben. Wir hoffen, dass Sie feststellen werden, dass die Abrechnung der Nebenkosten so kompliziert gar nicht ist, wenn man es von Anfang an richtig macht.

Kommentar zur Betriebskostenabrechnung

1 Betriebskostenabrechnung

Im normalen Sprachgebrauch spricht man von „Nebenkosten", im Amtsdeutsch ist von „Betriebskosten" die Rede. Gemeint ist exakt dasselbe.

2 von:/für:

Sie dürfen auf keinen Fall Ihren Namen und Ihre Adresse vergessen, ebenso wenig diese Angaben zum Mieter. Sonst ist die Abrechnung unwirksam.

3 _____, den _____

Ort und Datum nicht vergessen, damit auch später noch zu erkennen ist, dass Sie rechtzeitig abgerechnet haben. Die Abrechnung muss dem Mieter spätestens zwölf Monate nach Ende der Abrechnungsperiode zugehen.

4 Abrechnungszeitraum

In aller Regel wird über ein Jahr abgerechnet. Dabei muss es sich nicht um das Kalenderjahr handeln, auch Abrechnungen zum Beispiel vom 1. Juli bis 30. Juni sind möglich. Wichtig: Sie müssen den Zeitraum auf den Tag genau eingrenzen. Sonst ist die Abrechnung unwirksam.

5 Wohnfläche Ihrer Wohnung

Unbedingt angeben, denn die Wohnfläche ist der Standardschlüssel, nach dem die Nebenkosten verteilt werden.

6 Gesamte Wohnfläche

Unverzichtbare Angabe, weil der Mieter wissen muss, wie hoch sein Anteil an der gesamten Wohnfläche ist.

7 Anzahl der zum Haushalt gehörenden Personen

Diese Angaben (wie auch die folgenden) müssen Sie nur machen, wenn sie für einen der Abrechnungsschlüssel relevant sind.

8 Miteigentumsanteil

Bei Eigentumswohnungen erstellt meist die Hausverwaltung die Abrechnung. Die Nebenkosten werden in der Regel nach dem Miteigentumsanteil verteilt. Daher müssen Sie ihn hier angeben, damit Ihr Mieter diesen Schlüssel nachvollziehen kann.

9 Freie Zeile Betriebskostenart

Hier können Sie die Nebenkosten näher erläutern, zum Beispiel bei der Grundsteuer „Gemäß Grundsteuerbescheid vom 3. März 2008". Ansonsten lassen Sie das Feld frei.

Betriebskostenabrechnung

❶

von: _____

_____ (Name, Adresse des Vermieters)

❷

für: _____

_____ (Name, Adresse des Mieters)

❸

_____, den _____

Nach § 556 Absatz 3 BGB rechne ich fristgemäß über die Betriebskosten ab.

❹ Abrechnungszeitraum vom _____ bis _____

❺ Wohnfläche Ihrer Wohnung: _____ m^2

❻ Gesamte Wohnfläche des Hauses/der Wohnanlage: _____ m^2

❼ Anzahl der zum Haushalt gehörenden Personen: _____

Anzahl der im Haus/in der Wohnanlage wohnenden Personen: _____

Anzahl der zum Haus/zur Wohnanlage gehörenden Wohnungen: _____

❽ Bei Eigentumswohnungen Miteigentumsanteil: _____

❾

Betriebskostenart	Gesamtkosten	Schlüssel	Ihr Anteil
Grundsteuer	Euro		Euro
Wassergrundpreis	Euro		Euro

Betriebskostenart	Gesamtkosten	Schlüssel	Ihr Anteil	
Wasserverbrauch	Euro		Euro	⑩
Entwässerung	Euro		Euro	⑪
Fahrstuhl	Euro		Euro	⑫
Straßenreinigung	Euro		Euro	
Müllabfuhr	Euro		Euro	
Hausreinigung	Euro		Euro	⑬
Gartenpflege	Euro		Euro	⑭
Hausstrom/Beleuchtung	Euro		Euro	
Schornsteinreinigung	Euro		Euro	
Gebäudeversicherung (Brand/Wasserschaden)	Euro		Euro	
Gebäudehaftpflicht-versicherung	Euro		Euro	

Kommentar zur Betriebskostenabrechnung

10 Wasserverbrauch

Bei den Wasserkosten ist zwischen den Grundkosten und den Verbrauchskosten zu unterscheiden. Die Grundkosten betreffen alle Parteien und werden (meist nach der Wohnfläche) auf alle verteilt. Ist das Haus mit Wasseruhren ausgestattet, müssen Sie nach dem individuellen Wasserverbrauch abrechnen. Dann lassen Sie das erste Feld (die Gesamtkosten) leer, tragen unter Schlüssel „individueller Verbrauch" ein und geben im dritten Feld die Kosten ein. Haben Sie keine Wasserzähler, müssen Sie den Gesamtverbrauch (und die Gesamtkosten) verteilen, in aller Regel nach der Wohnfläche oder der Anzahl der zum Haushalt gehörenden Personen. Doch auch wenn Sie nach Verbrauch abrechnen, ergibt die Summe aller Zwischenzähler häufig nicht ganz das Ergebnis des Hauptzählers, nach dem Sie ja Ihre Wasserrechnung zahlen müssen. In diesem Fall dürfen Sie die Differenz auf die Parteien aufteilen.

11 Entwässerung

Der Mieter muss nicht nur für das zahlen, was in den eigenen vier Wänden durch den Abfluss fließt, auch für das Regenwasser fallen „Kanal- oder Sielgebühren" an. Die Kosten für eine Sickergrube gehören ebenfalls hierher.

12 Fahrstuhl

Die Problematik bei der Verteilung der Fahrstuhlkosten haben Sie schon bei der Anlage zu den Nebenkosten kennengelernt (siehe Seite 64ff.). Wenn Sie die Kosten nach dem Stockwerk abstufen wollen, sollten Sie in der unteren Zeile einen kurzen Hinweis einfügen. Und Vorsicht bei Vollwartungsverträgen! Da müssen Sie immer den Anteil für Reparaturen herausrechnen. Geht der aus der Abrechnung der Firma nicht hervor, kürzen Sie die Kosten um 20 Prozent, damit sind Sie auf der sicheren Seite.

13 Hausreinigung

Zu dieser Position gehört auch die „Ungezieferbekämpfung", die Sie aber nur abrechnen dürfen, wenn sie in Ihrem Haus regelmäßig erforderlich ist.

14 Gartenpflege

Auch die Kosten für Gartengeräte dürfen umgelegt werden. Bei größeren Anschaffungen empfiehlt es sich, die Kosten auf mehrere Jahre zu verteilen.

Kommentar zur Betriebskostenabrechnung

15 Leere Abrechnungspositionen

Hier können Sie die „sonstigen Nebenkosten" eintragen, die Sie in Ihrem Mietvertrag vereinbart haben, etwa die Kosten für eine Sauna oder die Dachrinnenreinigung.

16 Heizung und Warmwasser

Da für die Abrechnung der Heizkosten besondere Vorschriften gelten, sollten Sie sie immer getrennt von den übrigen Nebenkosten abrechnen. Hier tragen Sie nur das Ergebnis ein, denn der Mieter leistet seine Vorauszahlungen auch für die Heizkosten.

17 Strom

Wir schon angesprochen: Die Verbrauchskosten für Strom tauchen in der Betriebskostenverordnung nicht auf. Offenbar nimmt der Gesetzgeber an, dass der Mieter den Strom direkt mit dem Versorgungsunternehmen abrechnet. Ansonsten sind die Verbrauchskosten für den Strom voll umlagefähig, sofern sie individuell erfasst werden.

18 Ihre Vorauszahlungen

Alle Vorauszahlungen, die der Mieter für den Abrechnungszeitraum geleistet hat, müssen Sie zusammenrechnen und von den Kosten abziehen. Ist dieses Vorgehen nicht klar zu erkennen, ist die ganze Abrechnung unwirksam.

19 Erstattung/Nachzahlung

Unzutreffendes unbedingt streichen, sonst ist Ihre Abrechnung irreführend und Ihr Mieter kann sie beanstanden.

20 Originalbelege einzusehen

So lange der Mieter nicht die Belege sehen konnte, ist er nicht verpflichtet zu zahlen. Sie müssen ihn auf die Möglichkeit zur Einsichtnahme ausdrücklich hinweisen. Die wenigsten Mieter tun dies, vor allem wenn die Abrechnung schlüssig ist.

21 Nachzahlung bis spätestens

Der Mieter hat zwei bis drei Wochen Zeit, die Abrechnung zu prüfen. Diese Frist sollten Sie ihm auch gewähren, wenn er eine Nachzahlung zu leisten hat. Ist die Abrechnung besonders kompliziert, kann auch eine längere Frist angemessen sein. Eine Frist sollten Sie unbedingt setzen, um den Mieter in Verzug zu setzen, wenn er nicht zahlt. Zahlt er, so gilt das als Zustimmung. Er kann dann die Abrechnung kaum noch anfechten. Erstatten Sie dem Mieter hingegen ein Guthaben, ist das sofort fällig. Und dann sollten Sie diesen Satz streichen.

22 Über-/Unterdeckung

Wenn Ihr Mieter einen größeren Betrag erstattet bekommt (Überdeckung) oder nachzahlen muss (Unterdeckung), sollten Sie die Vorauszahlung anpassen. Geben Sie an, ab wann der neue Betrag fällig wird (und streichen Sie den unzutreffenden Begriff).

Betriebskostenart	Gesamtkosten	Schlüssel	Ihr Anteil
Hausmeister	Euro		Euro
Gemeinschaftsantenne/ Kabelfernsehen	Euro		Euro
Maschinelle Wascheinrichtungen	Euro		Euro
	Euro		Euro
	Euro		Euro
Heizung und Warmwasser (gemäß beiliegender Abrechnung)			Euro
Strom (gemäß beiliegender Abrechnung)			Euro
Gesamte Betriebskosten für Ihre Wohnung			Euro
Ihre Vorauszahlungen für den Abrechnungszeitraum			Euro
Daraus ergibt sich folgende Erstattung/Nachzahlung			**Euro**

⑳ Nach Terminvereinbarung haben Sie die Möglichkeit, in meinem Büro die Originalbelege einzusehen.

㉑ Bitte begleichen Sie die Nachzahlung bis spätestens _____.

㉒ Wegen der Über-/Unterdeckung der Vorauszahlungen erlaube ich mir, für die laufende Abrechnungsperiode einen neuen Vorauszahlungsbetrag festzusetzen. Er beträgt _____ Euro und gilt für Ihre nächste Vorauszahlung am _____.

Kommentar zur „kleinen" Nebenkostenabrechnung

Nicht alle Mietverträge sind so gestaltet, dass sie eine Abrechnung sämtlicher Nebenkosten erfordern. Vielleicht haben Sie in Ihrem Fall für einzelne Nebenkostenarten eine Pauschale vereinbart. Darüber müssen Sie natürlich nicht mehr abrechnen. Oder Sie besitzen eine Eigentumswohnung und erhalten von der Hausverwaltung eine Abrechnung über das Wohngeld. Die dürfen Sie nicht komplett an Ihren Mieter weiterreichen, sondern Sie müssen sämtliche Reparatur- und Verwaltungskosten herausrechnen. Gute Hausverwaltungen gestalten ihre Abrechnungen so, dass sie angeben, welche Positionen sich auf den Mieter umlegen lassen. Die können Sie dann übernehmen. Vorausgesetzt natürlich, dass Sie in Ihrem Mietvertrag eine wirksame Klausel über die Nebenkosten getroffen haben.

① für die untenstehenden Nebenkosten

Diese Formulierung lässt die Möglichkeit offen, dass Sie für andere Nebenkostenarten eine Pauschale erheben und sie eben nicht abrechnen.

② Leerzeilen Nebenkostenart

Hier tragen Sie die Art der Nebenkosten ein, zum Beispiel Müllgebühren, Fahrstuhl, Strom. Sofern die Gesamtkosten auf die Parteien aufgeteilt werden, müssen Sie deren Höhe angeben. Wird der individuelle Verbrauch erfasst und abgerechnet, zum Beispiel Wasser, Strom und Gas, sind die Gesamtkosten irrelevant und müssen nicht angegeben werden. Beim Verteilerschlüssel werden Sie in aller Regel die Wohnfläche (Wohnfläche des Mietobjekts ./. gesamte Wohnfläche) oder bei Eigentumswohnungen den „Miteigentumsanteil" angeben. Wenn Sie den Verbrauch erfassen, tragen Sie als Schlüssel ein: „individueller Verbrauch". Für jede Position muss auch der Kostenanteil für den Mieter angegeben werden.

Weitere Erklärungen zur „kleinen" Nebenkostenabrechnung finden Sie in den Kommentaren zur vorstehenden „großen" Nebenkostenabrechnung (Seite 127, 128). Vor allem die ersten und die letzten Punkte – ab Ziffer 18 – sind auch hier sehr wichtig.

Abrechnung der Nebenkosten

von: _____

_____ (Name, Adresse des Vermieters)

für: _____

_____ (Name, Adresse des Mieters)

_____, den _____

1 Nach unserem Mietvertrag leisten Sie für die untenstehenden Nebenkosten monatliche Vorauszahlungen, über die von mir abzurechnen ist.

Abrechnungszeitraum vom _____ bis _____.

Wohnfläche Ihrer Wohnung: _____ m^2

Gesamte Wohnfläche des Hauses/der Wohnanlage: _____ m^2

Bei Eigentumswohnungen Miteigentumsanteil: _____

2

Nebenkostenart	Gesamtkosten	Schlüssel	Ihr Anteil
	Euro		Euro
	Euro		Euro
	Euro		Euro
	Euro		Euro
	Euro		Euro
	Euro		Euro
Gesamte Betriebskosten für Ihre Wohnung			Euro
Ihre Vorauszahlungen für den Abrechnungszeitraum			Euro
Daraus ergibt sich folgende Erstattung/Nachzahlung			**Euro**

Nach Terminvereinbarung haben Sie die Möglichkeit, in meinem Büro die Originalbelege einzusehen.

Bitte begleichen Sie die Nachzahlung bis spätestens _____.

Wegen der Über-/Unterdeckung der Vorauszahlungen erlaube ich mir, für die laufende Abrechnungsperiode einen neuen Vorauszahlungsbetrag festzusetzen. Er beträgt _____ Euro und gilt für Ihre nächste Vorauszahlung am _____.

Kommentar zur Abrechnung der Strom-/Gaskosten

Eine eigene Strom-/Gasrechnung müssen Sie nur erstellen, wenn der Mieter nicht direkt mit dem Versorgungsunternehmen abrechnet. Bekommen Sie vom Versorgungsunternehmen für die betreffende Wohnung eine Einzelabrechnung, können Sie die selbstverständlich Ihrer Nebenkostenabrechnung beilegen. Nur wenn aus der Abrechnung des Versorgungsunternehmens nicht klar hervorgeht, welche Kosten für welche Wohnung angefallen sind, sollten Sie eine eigene Abrechnung erstellen.

Wichtig ist auch, dass diese Abrechnung der Nebenkostenabrechnung als Anlage beigefügt wird. Und Sie müssen die Werte hieraus natürlich in die Hauptabrechnung übertragen.

Abrechnung über Strom-/Gaskosten

(Anlage zur Nebenkostenabrechnung vom _____)

von: _____

_____ (Name, Adresse des Vermieters)

für: _____

_____ (Name, Adresse des Mieters)

_____ , den _____

Für Ihren Verbrauch an Strom/Gas im Abrechnungszeitraum vom _____ bis _____
ergeben sich die folgenden Kosten:

Strom

Alter Zählerstand (am _____): _____ kWh

Neuer Zählerstand (am _____): _____ kWh

Verbrauch im Abrechnungszeitraum: _____ kWh

Kosten: _____ Euro

Erdgas

Alter Zählerstand (am _____): _____ kWh

Neuer Zählerstand (am _____): _____ kWh

Verbrauch im Abrechnungszeitraum: _____ kWh

Kosten: _____ Euro

Kommentar zur Heizkostenabrechnung

Als Vermieter sind Sie in aller Regel dazu verpflichtet, die Heizkosten nach Verbrauch abzurechnen (die Heizkostenverordnung nennt fünf Ausnahmefälle, zum Beispiel wenn die Verbrauchserfassung technisch nicht möglich oder wirtschaftlich unzumutbar ist). Verfügt das Haus über eine Zentralheizung, müssen Sie nach den Regeln der Heizkostenverordnung abrechnen und die Gesamtkosten teilweise nach dem individuellen Verbrauch verteilen. Auf der nächsten Seite sehen Sie ein Beispiel für eine solche Abrechnung.

1 Anlage

Weisen Sie darauf hin, dass es sich um eine Anlage zur eigentlichen Abrechnung handelt.

2 Abrechnungszeitraum

Er sollte mit dem der Nebenkostenabrechnung übereinstimmen.

3 Kostenaufstellung für _____

Hier tragen Sie ein, für welches Haus die Kosten für die Zentralheizung angefallen sind.

4 5 Leerzeilen

Gibt es noch weitere Kosten, tragen Sie die hier ein. Unter den weiteren Kosten können Sie zum Beispiel die Miete für die Erfassungsgeräte oder die Wartung der Heizung aufführen.

6 Trennung der Kosten für Heizung und Warmwasser

Bevor Sie die Kosten verteilen, trennen Sie die Kosten für Heizung und Warmwasser. Der Anteil für Warmwasser wird über den gesamten Warmwasserverbrauch festgelegt. Pro Kubikmeter wird ein bestimmter Brennstoffverbrauch angesetzt. Daraus errechnet sich dann der Brennstoffverbrauch für Warmwasser; der (meist wesentlich größere) Rest sind die reinen Heizkosten.

Heizkostenabrechnung

(Anlage zur Nebenkostenabrechnung vom _____)

① für: _____

_____ (Name, Adresse des Mieters)

② Abrechnungszeitraum vom _____ bis _____

③ Kostenaufstellung für _____

1. Wärme/Warmwasserlieferung

Brennstoffverbrauch: _____ = _____ Euro

④ _____: _____ = _____ Euro

Gesamt: _____ Euro

2. Weitere Heizungs-/Warmwasserbetriebskosten

Verbrauchserfassung: _____ Euro

⑤ _____: _____ Euro

_____: _____ Euro

Gesamt: _____ Euro

Summe der umzulegenden Kosten: _____ Euro

⑥ 3. Trennung der Kosten für Heizung und Warmwasser

Anteil Heizkosten: ____ Prozent von _____ Euro = _____ Euro

Anteil Warmwasserkosten: ____ Prozent von _____ Euro = _____ Euro

(gemäß Warmwasserverbrauch von _____ m³) _____ Euro

Verteilung der Kosten

4. Ihre Heizkosten

Gesamte Heizkosten: _____ Euro

_____ Prozent Grundkosten = _____ Euro

Verteilerschlüssel: _____, ergibt für Sie: _____ Euro

_____ Prozent Verbrauchskosten = _____ Euro

Verbrauchsanteil: _____, ergibt für Sie: _____ Euro

5. Ihre Warmwasserkosten

Gesamte Warmwasserkosten: _____ Euro

_____ Prozent Grundkosten = _____ Euro

Verteilerschlüssel: _____, ergibt für Sie: _____ Euro

_____ Prozent Verbrauchskosten = _____ Euro

Verbrauchsanteil: _____, ergibt für Sie: _____ Euro

Gesamtbetrag für Heizung und Warmwasser: _____ *Euro*

_____

_____

_____

_____

_____

_____

_____

_____

Kommentar zur Heizkostenabrechnung

7 Verteilung der Kosten

Bis jetzt haben Sie Ihren Mieter nur über die gesamten Kosten für die Heizung und den Brennstoffverbrauch informiert. Nun erfährt er, welchen Anteil er zahlen muss.

8 Gesamte Heizkosten

Hier übertragen Sie die Summe von Punkt 3, erste Zeile.

9 Grundkosten/Verbrauchskosten

Nach der Heizkostenverordnung müssen Sie einen Anteil verbrauchsunabhängig abrechnen (zwischen 30 und 50 Prozent = Grundkosten) und den Rest verbrauchsabhängig (50 bis 70 Prozent = Verbrauchskosten). Dabei hat sich die Verteilung 50 zu 50 Prozent für Altbauten mit einem gewissen „Grundwärmebedarf" durchgesetzt, während bei gut isolierten Neubauten die 70-zu-30-Prozent-Verteilung üblich ist.

10 Verteilerschlüssel

Die verbrauchsunabhängigen Grundkosten verteilen Sie auf die Wohnungen, in der Regel nach der Wohnfläche. Wenn das Gebäude über Räume unterschiedlicher Höhe verfügt, kann der Verteilerschlüssel „umbauter Raum" noch gerechter sein.

11 Verbrauchsanteil

Ein wichtiger Punkt: Die Verbrauchserfassungsgeräte messen nicht, wie viel Brennstoff der Mieter genau verbraucht hat. Vielmehr erlauben sie Rückschlüsse auf den Anteil, den der Mieter am gesamten Verbrauch hat (zum Beispiel über die „Stricheinheiten" bei den beliebten Verdunstungsröhrchen an den Heizkörpern).

12 der Verbrauchsanteil ... ergibt für Sie

Unverzichtbare Angabe: Wie viel muss der Mieter nun genau im Abrechnungszeitraum für die Heizung/das Warmwasser bezahlen?

13 Warmwasser: Grundkosten/Verbrauchskosten

Auch beim Warmwasser gibt es verbrauchsunabhängige „Grundkosten". Die Verteilung ist in aller Regel die gleiche wie bei den Heizkosten.

14 Gesamtbetrag

Am Ende muss der Betrag stehen, den der Mieter für Heizung und Warmwasser aufzubringen hat. Und diesen übertragen Sie in Ihre Abrechnung der Nebenkosten.

Kommentar zu Musterbrief 13: Antwort auf Reklamation des Mieters 1

Ausgangslage

Ihr Mieter hält die gesamte Nebenkostenabrechnung für nicht ordnungsgemäß und fechtet sie daher an, zum Beispiel weil Sie einen Formfehler begangen haben sollen oder die Abrechnung für ihn unverständlich ist. Auch wenn ein wesentlicher Verteilerschlüssel angefochten wird (Wohnfläche!), kann dies die gesamte Abrechnung gefährden. Prüfen Sie die Argumente. Haben Sie womöglich etwas falsch gemacht? Dann korrigieren Sie die Abrechnung und schicken Sie sie ein zweites Mal an Ihren Mieter. Können Sie keinen Fehler entdecken, müssen Sie reagieren. Schicken Sie Ihrem Mieter einen Brief.

1 **die Abrechnung der Nebenkosten nicht ordnungsgemäß sei, weil** _____

Wiederholen Sie das Argument Ihres Mieters. Ein sehr häufig vorgebrachter Grund ist, dass die Abrechnung „nicht verständlich" sei. Nennt der Mieter keine Gründe, weisen Sie ihn darauf hin, dass er verpflichtet ist, im Einzelnen darzulegen, warum er die Abrechnung für „nicht ordnungsgemäß" hält.

2 **Nach nochmaliger Prüfung**

So verfährt ein ordentlicher Vermieter: Er prüft die Sache noch einmal nach und lässt das seinen Mieter wissen.

3 **kann ich Ihren Einwand nicht nachvollziehen, denn** _____

Hier begründen Sie, warum das Argument Ihres Mieters nicht stichhaltig ist, der vermeintliche Formfehler gar keiner ist und die vermeintliche „Unverständlichkeit" nicht besteht. Ihre Formulierung könnte lauten: „.... denn die Abrechnung ist vollständig, übersichtlich und entspricht den Anforderungen, die der Bundesgerichtshof festgelegt hat."

4 **bei ordnungsgemäßer Abrechnung**

Solange Sie nicht ordnungsgemäß abrechnen, muss der Mieter nicht zahlen. Doch Sie haben es ja getan und fordern deshalb die Nachzahlung ein. Ergibt sich der seltene Fall, dass Ihr Mieter eine Nebenkostenabrechnung beanstandet, bei der sich ein Guthaben für ihn ergibt, weisen Sie ihn darauf hin, dass Sie das Guthaben nicht an ihn auszahlen können, solange er die Abrechnung für nicht ordnungsgemäß hält.

Sandra Klangberg
Beerbaumstraße 12
82166 Gräfelfing

Herrn
Thomas Meyer
Martiusstraße 155
80202 München   Gräfelfing, 20.6.2014

Abrechnung der Nebenkosten: Ihr Widerspruch

Sehr geehrter Herr Meyer,

in Ihrem Schreiben vom _____ erklären Sie, dass die Abrechnung der Nebenkosten

1 vom _____ nicht ordnungsgemäß sei, weil _____

2 _____. Nach nochmaliger Prüfung der Abrech-

3 nung kann ich Ihren Einwand nicht nachvollziehen, denn _____

_____

_____ .

4 Ich darf Sie daher daran erinnern, dass Sie bei ordnungsgemäßer Abrechnung verpflichtet

sind, bis zum _____ den Betrag von _____ Euro nachzuzahlen.

Mit freundlichen Grüßen

Sandra Klangberg

Kommentar zu Musterbrief 14: Antwort auf Reklamation des Mieters 2

Ausgangslage

Ihr Mieter wählt irgendein unwesentliches Detail aus und meint, solange diese Position nicht geklärt sei, müsse er nichts nachzahlen. Das ist aber ein Irrtum und verlangt eine entschiedene Antwort.

1 Sie begründen Ihren Einwand damit, dass _____

Wiederholen Sie die Einwände Ihres Mieters, ehe Sie sie widerlegen. Auch kann der Mieter ersehen, ob Sie ihn nicht vielleicht missverstanden haben. In jedem Fall wirkt Ihre Argumentation zwingender.

2 diese Kritik kann ich nicht nachvollziehen, denn

Auch wenn es nur um kleine Positionen geht, die Ihnen einen Streit nicht wert sind, sollten Sie sich nicht zu schnell geschlagen geben. Unterschätzen Sie nicht die Signalwirkung, wenn Sie sofort nachgeben, sobald Ihr Mieter etwas beanstandet. Stellen Sie hingegen fest, dass der Einwand berechtigt ist, sollten Sie die Sache sofort richtig stellen und sich für das Versehen entschuldigen.

3 Ich fordere Sie auf, die ausstehende Nachzahlung bis zum _____

Erinnern Sie den Mieter an die Zahlungsfrist, die Sie ihm bei der Abrechnung eingeräumt haben. Ist diese Frist bereits überschritten, können Sie ihm entgegenkommen, indem Sie ihm eine letzte Frist von einer Woche einräumen. Das ist sinnvoller, als die Verzugszinsen ins Spiel zu bringen, die womöglich nicht einmal einen Euro betragen.

4 dass Sie in jedem Fall verpflichtet sind, die Kosten zu tragen, die unstrittig sind

Das ist Ihr stärkstes Argument. Der Mieter merkt, dass er gar nicht die gesamte Abrechnung zu Fall bringen (oder herauszögern) kann, sondern nur die kleine Position, die er beanstandet. Gartengeräte zu teuer? Darüber kann man streiten. Aber lohnt sich der Streit, wenn es um fünf Euro geht? Ihr Mieter dürfte sich das überlegen.

Sandra Klangberg
Beerbaumstraße 12
82166 Gräfelfing

Herrn
Thomas Meyer
Martiusstraße 155
80202 München   Gräfelfing, 20.6.2014

Abrechnung der Nebenkosten: Ihr Widerspruch

Sehr geehrter Herr Meyer,

❶ in Ihrem Schreiben vom _____ beanstanden Sie meine Abrechnung der Nebenkosten
vom _____. Sie begründen Ihren Einwand damit, dass _____

_____

_____ .

❷ Diese Kritik kann ich nicht nachvollziehen, denn es verhält sich folgendermaßen:

_____

_____

_____ .

❸ Ich fordere Sie daher auf, die ausstehende Nachzahlung bis zum _____ zu begleichen.

❹ Darüber hinaus darf ich Sie vorsorglich darauf hinweisen, dass Sie in jedem Fall verpflichtet sind, die Kosten zu tragen, die unstrittig sind. Daraus ergibt sich eine Nachzahlung in Höhe von _____ Euro, die Sie gemäß der Abrechnung bis zum _____ überweisen müssen.

Mit freundlichen Grüßen

Sandra Klangberg

Das ist bei Mieterhöhungen zu berücksichtigen

Mieterhöhungen sind für alle Beteiligten unangenehm: für den Mieter, weil er in Zukunft mehr zahlen muss, für den Vermieter, weil es gar nicht so einfach ist, die eigenen Vorstellungen durchzusetzen. Es gibt viele Dinge, die dabei zu beachten sind. Begehen Sie einen Fehler, wird womöglich das ganze Verfahren unwirksam und Sie können die Prozedur gleich wieder von vorne starten. Dadurch verlieren Sie Zeit und Geld. Dem Gesetz nach gibt es sechs verschiedene Arten der Mieterhöhung: die einvernehmliche Vereinbarung, die Erhöhung auf die ortsübliche Vergleichsmiete, Mieterhöhungen im Rahmen der Staffelmiete und der Indexmiete, wegen gestiegener Nebenkosten und wegen Modernisierung. Außer bei der Staffelmiete, die sich gleichsam automatisch erhöht, brauchen Sie immer die Zustimmung Ihres Mieters. Vorher ist die Erhöhung nicht wirksam. Doch kann sich Ihr Mieter nicht aussuchen, ob er zustimmt oder nicht. Wenn Sie alles richtig gemacht haben, haben Sie Anspruch auf seine Zustimmung.

Auf den folgenden Seiten finden Sie einen Fahrplan zur Mieterhöhung, eine Vorlage für eine „einvernehmliche Vereinbarung" und die Musterschreiben zu den unterschiedlichen Arten der Mieterhöhung.

Schritt-für-Schritt-Anleitung: Eine Mieterhöhung durchsetzen

1. Gehen Sie in die Vorbereitungs- bzw. Planungsphase

Verschaffen Sie sich alle Informationen, die Sie brauchen, zum Beispiel Mietspiegel, Vergleichswohnung oder Index der Lebenshaltungskosten. Bei der Mieterhöhung wegen Modernisierung: Sammeln Sie alle Kostenbelege und überprüfen Sie jede Position, ob sie umlagefähig ist; nehmen Sie eventuelle Abschläge vor. Stellen Sie einen Zeitplan auf:

- Wann muss Ihr Schreiben den Mieter spätestens erreichen?
- Bis wann muss er spätestens zugestimmt haben? („Überlegensfrist": nach Ablauf des zweiten Monats, der auf den Zugang des Schreibens folgt)
- Ab wann ist die neue Miete zu zahlen? (direkt nach Ablauf der Überlegensfrist)
- Bis wann muss ich Klage erheben? (drei Monate nach Ablauf der Überlegensfrist)

2. Verschicken Sie das Mieterhöhungsschreiben zum richtigen Zeitpunkt

Im Ernstfall müssen Sie belegen können, dass Ihr Schreiben den Mieter fristgerecht erreicht hat. Planen Sie einen gewissen Sicherheitsabstand ein und lassen Sie sich den Zugang Ihres „Mieterhöhungsverlangens" bestätigen. Im Extremfall kommt die Zustellung per Gerichtsvollzieher infrage.

3a. Mieter stimmt zu

Wenn der Mieter sein Einverständnis gibt, wird die Mieterhöhung zum angegebenen Termin wirksam. Äußert sich der Mieter nicht, zahlt aber die höhere Miete zweimal, gilt das Gleiche. In diesem Fall brauchen Sie keine ausdrückliche Zustimmung Ihres Mieters.

Oder

3b. Mieter stimmt nicht zu

Verweigert der Mieter seine Zustimmung und hüllt sich über seine Ablehnung in Schweigen, tun Sie gut daran, noch einmal zu prüfen, ob die Erhöhung auch wirklich wasserdicht ist. Haben Sie Zweifel, legen Sie lieber ein neues Schreiben nach. Achten Sie dann darauf, dass sich die Fristen nach hinten verschieben. Sind die Gründe berechtigt, gehen Sie zu Punkt 1 zurück, ansonsten klagen Sie auf Zustimmung.

4. Reichen Sie die Klage auf Zustimmung ein

Sie müssen diesen Weg gehen. Sie dürfen die neue Miete nicht einfach vom Konto des Mieters abbuchen, wenn Sie eine Einzugsermächtigung haben. Auch dürfen Sie den Betrag nicht einbehalten. Das muss Ihrem Mieter klar sein: Verweigert er seine Zustimmung, müssen Sie ihn verklagen. Schalten Sie dann aber einen Anwalt ein und achten Sie auf die Fristen. Sie haben drei Monate nach Ablauf der Überlegensfrist Zeit, Klage zu erheben. Sonst gilt Ihr Verlangen als gescheitert.

Bekommen Sie Recht, muss der Mieter alle Kosten tragen und die neue Miete zu dem Zeitpunkt zahlen, zu dem sie wirksam geworden wäre. In aller Regel heißt das: Er muss auch rückwirkend die höhere Miete nachzahlen. Wird die Klage abgewiesen, gehen Sie wieder zurück zu Punkt 1. Bei einem Vergleich setzt das Gericht eine Mieterhöhung fest und Sie müssen Ihre Gerichtskosten selbst tragen.

Musterbriefe zur Erhöhung der Miete

Im Anschluss an die Mieterhöhungsvereinbarung finden Sie die Musterbriefe zur Mieterhöhung. Die ersten beiden betreffen die Erhöhung auf die ortsübliche Vergleichsmiete. Weiterhin finden Sie Musterschreiben für folgende Situationen:

- Mieterhöhung, wenn Sie eine Indexmiete vereinbart haben
- Ankündigung einer Modernisierungsmaßnahme
- Mieterhöhung wegen dieser Modernisierungsmaßnahme
- Mieterhöhung wegen gestiegener Betriebskosten
  (Klartext: Erhöhung der Nebenkostenpauschale)

Kommentar zur Mieterhöhungsvereinbarung

1 Zwischen dem Mieter ... sowie

Denken Sie daran: Die Vereinbarung ist nur gültig, wenn Sie von allen Mietern und Vermietern geschlossen wird. Wer den Mietvertrag unterschrieben hat, muss auch diese Vereinbarung unterzeichnen.

2 Die monatliche (Kalt-/Warm-/Grund-)Miete

Sie müssen angeben, was Sie überhaupt erhöhen wollen. In aller Regel wird es sich um die sogenannte Grundmiete handeln (also ohne Nebenkosten). Maßgeblich ist, was Sie in Ihrem Mietvertrag vereinbart haben. Um alle Missverständnisse zu vermeiden, sollten Sie unbedingt den derzeit gültigen Betrag angeben, den Sie erhöhen wollen.

3 Zahlbar ist die neue Miete ab dem _____

Das ist eine unverzichtbare Angabe. Im Prinzip können Sie zwar jedes Datum vereinbaren, das Sie möchten. Doch sollten Sie sich an einer „normalen Mieterhöhung" orientieren, die ab dem dritten Monat wirksam wird, der auf den Zugang des Erhöhungsschreiben folgt (Beispiel: Zugang 12. März; neue Miete zahlbar für Juni).

4 mindestens für _____ gelten soll

Hier halten Sie fest, wie lange die neue Miete unverändert bleiben soll. Damit kommen Sie Ihrem Mieter entgegen. Für viele Mieter ist es das ausschlaggebende Argument, sich auf eine solche Vereinbarung einzulassen. Wie lange Sie sich binden sollten, hängt von Ihrem Objekt ab. Eine Spanne unter zwei Jahren dürfte für Ihren Mieter uninteressant sein, ob Sie sich länger als drei Jahre binden sollten, will gut überlegt werden.

5 Es sei denn, die Miete muss wegen einer Erhöhung der Nebenkosten

Vermeintlicher Wermutstropfen für den Mieter. Wenn Sie keine Nebenkostenpauschale vereinbart haben, sollten Sie das Wort „Nebenkosten" streichen. Und wenn Ihr Mieter Bedenken wegen der Modernisierungserhöhung hat, sollten Sie ihn darüber informieren, wie so eine Erhöhung abläuft (siehe Seite 160ff.) und dass er keine plötzliche Erhöhung zu befürchten hat.

6 _____

Hier ist Platz, um noch weitere Vereinbarungen aufzunehmen. Vielleicht unterschreibt Ihr Mieter ja nur, wenn Sie ihm erlauben, sein Auto im Hof zu parken oder Ähnliches.

Vereinbarung über die Erhöhung der Miete

Zwischen dem Mieter:

_____ (Vorname, Name)

❶ sowie: _____ (Ehegatte, weiterer Mieter)

und dem Vermieter:

_____ (Vorname, Name)

in: _____ (Adresse)

wird für die Wohnung in _____

folgende Vereinbarung geschlossen:

❷ Die monatliche (Kalt-/Warm-/Grund-)Miete wird von derzeit _____ Euro auf _____

❸ Euro erhöht. Zahlbar ist die neue Miete ab dem _____.

Die Vertragsparteien kommen überein, dass die neue Miete mindestens für _____

❹ _____ gelten soll. Es sei denn, die Miete muss wegen einer Erhöhung der

❺ Nebenkosten/wegen Modernisierung erhöht werden.

❻ _____

_____

_____

_____

_____

_____, den _____

(Ort, Datum)

_____   _____

(Unterschrift Mieter)   (Unterschrift Vermieter)

Kommentar zu Musterbrief 15: Erhöhung auf die ortsübliche Vergleichsmiete 1

Ausgangslage

In Ihrem Mietvertrag haben Sie weder eine Staffelmiete noch eine Indexmiete vereinbart. In diesem Fall erhöhen Sie die Miete auf die sogenannte ortsübliche Vergleichsmiete, das heißt auf einen Satz, der in Ihrer Gemeinde für vergleichbaren Wohnraum bereits bezahlt wird. Das müssen Sie jedoch belegen. Eine Möglichkeit: Sie geben drei Vergleichswohnungen an. Beachten Sie auch die „Kappungsgrenze": Innerhalb von drei Jahren dürfen Sie die Miete um maximal 20 Prozent erhöhen, in Gebieten mit Wohnraumknappheit sogar nur um 15 Prozent (§ 558 Abs. 3 BGB).

① Quadratmeterpreis

Bezugsgröße für die Vergleichsmieten ist in aller Regel der Quadratmeterpreis. Also sollten Sie ihn angeben, damit Ihr Mieter die Erhöhung auch nachvollziehen kann.

② für nicht preisgebundenen Wohnraum

Als preisgebundener Wohnraum werden Sozialwohnungen bezeichnet. Für sie gelten andere Bestimmungen.

③ vergleichbarer Art, Größe, Ausstattung, Beschaffenheit und Lage

Wichtigste Voraussetzung für eine Erhöhung auf die Vergleichsmiete: Die Objekte, auf die Sie sich beziehen, müssen Ihrer Wohnung möglichst ähnlich sein. Sonst muss Ihr Mieter nicht zustimmen.

④ § 558 Absatz 1 BGB

„Der Vermieter kann die Zustimmung zu einer Erhöhung der Miete bis zur ortsüblichen Vergleichsmiete verlangen, wenn die Miete in dem Zeitpunkt, zu dem die Erhöhung eintreten soll, seit 15 Monaten unverändert ist. Das Mieterhöhungsverlangen kann frühestens ein Jahr nach der letzten Mieterhöhung geltend gemacht werden."

⑤ drei Vergleichswohnungen in unserer Gemeinde

Alle drei Wohnungen müssen Sie mit vollständiger Adresse angeben, womöglich samt Namen der Mieter, damit Ihr Mieter die Möglichkeit hat, Ihre Angaben nachzuprüfen. Wie finden Sie die Vergleichswohnungen und wie kommen Sie an die Informationen wie Wohnfläche und Höhe der Miete? Das ist leider Ihr Problem. Die Wohnungen dürfen sich aber im gleichen Haus befinden und dürfen auch Ihnen gehören. Ansonsten helfen die örtlichen Haus- und Grundbesitzervereine. Oder Sie fragen bei der nächsten Eigentümerversammlung bei anderen Vermietern nach.

Sandra Klangberg
Beerbaumstraße 12
82166 Gräfelfing

Herrn
Thomas Meyer
Martiusstraße 155
80202 München   Gräfelfing, 20.6.2014

Mieterhöhung: Ihre Zustimmung

Sehr geehrter Herr Meyer,

seit _____ bezahlen Sie eine monatliche Kaltmiete von _____ Euro. Bei _____
① Quadratmetern Wohnfläche entspricht das einem Quadratmeterpreis von _____ Euro.
② Dieser Mietpreis entspricht nicht mehr der Miete, die in unserer Gemeinde für nicht preis-
③ gebundenen Wohnraum vergleichbarer Art, Größe, Ausstattung, Beschaffenheit und Lage
bezahlt wird.

④ Nach § 558 Absatz 1 BGB bin ich berechtigt, von Ihnen die Zustimmung zu einer Mieterhöhung zu verlangen, wenn die Miete seit einem Jahr unverändert ist und die ortsübliche Vergleichsmiete nicht überschritten wird. Um Letzteres zu belegen, verweise ich auf
⑤ die folgenden drei Vergleichswohnungen in unserer Gemeinde:

1. _____

_____

Höhe der Kaltmiete: _____ Euro

Quadratmeter Wohnfläche: _____

Quadratmeterpreis: _____ Euro

2. _____

_____

6

Höhe der Kaltmiete: _____ Euro

Quadratmeter Wohnfläche: _____

Quadratmeterpreis: _____ Euro

3. _____

_____

Höhe der Kaltmiete: _____ Euro

Quadratmeter Wohnfläche: _____

Quadratmeterpreis: _____ Euro

Daher bin ich berechtigt, die monatliche Miete auf einen Quadratmeterpreis von _____ **7**
Euro zu erhöhen, das entspricht einer monatlichen Kaltmiete in Höhe von _____ Euro. **8**
Bitte erteilen Sie mir Ihre Zustimmung zu dieser Mieterhöhung bis spätestens zum Ablauf **9**
des zweiten Kalendermonats, der auf den Zugang dieses Schreibens folgt. Das ist der

_____.

Die neue Miete ist für den darauffolgenden Monat zu bezahlen, also ab dem _____. **10**

Erteilen Sie mir bis zum Ablauf dieser Frist nicht Ihre Zustimmung, bin ich gezwungen, die **11**
Zustimmung gerichtlich einzuklagen. Die Kosten dafür hätten Sie zu tragen.

Mit freundlichen Grüßen

Sandra Klangberg

Kommentar zu Musterbrief 15: Erhöhung auf die ortsübliche Vergleichsmiete 1

6 Kaltmiete/Wohnfläche/Quadratmeterpreis

Alle drei Angaben brauchen Sie, um Ihre Mieterhöhung zu begründen. Erst der Quadratmeterpreis macht die Wohnungen direkt vergleichbar, wobei sich die Größe der Wohnungen nicht allzu sehr unterscheiden darf (kleinere Wohnungen haben tendenziell einen höheren Quadratmeterpreis).

7 bin ich berechtigt ... auf einen Quadratmeterpreis von _____ Euro zu erhöhen

Sehr wichtig: Die Bezugsgröße für die Mieterhöhung ist der Quadratmeterpreis. Und Sie dürfen maximal auf den Preis für die günstigste Vergleichswohnung erhöhen.

8 das entspricht einer monatlichen Kaltmiete in Höhe von

Rechnen Sie den Quadratmeterpreis unbedingt in die Monatsmiete um, damit Ihr Mieter weiß, wie viel er Ihnen zahlen muss.

9 Bitte erteilen Sie mir Ihre Zustimmung

Fordern Sie Ihren Mieter auf, der Erhöhung zuzustimmen, und informieren Sie ihn über seine Überlegensfrist. Wenn Sie das unterlassen, riskieren Sie einen Formfehler. Damit würde Ihr Erhöhungsverlangen unwirksam.

10 Die neue Miete ... also ab dem _____

Vergessen Sie nicht, Ihren Mieter wissen zu lassen, ab wann die neue Miete fällig wird. Geben Sie das genaue Datum an (zum Beispiel „ab 1. Juli").

11 bin ich gezwungen ... gerichtlich einzuklagen

Lassen Sie Ihren Mieter wissen, was ihn erwartet, wenn er Ihr Schreiben einfach ignoriert. Es gibt Mieter, die meinen, ihre Zustimmung sei eine Art freiwilliges Einverständnis. Nach dem Motto: Wenn mein Vermieter die Miete erhöhen will, dann soll er das tun; aber er darf nicht erwarten, dass ich da auch noch zustimme! Machen Sie also deutlich, worum es geht.

Kommentar zu Musterbrief 16: Erhöhung auf die ortsübliche Vergleichsmiete 2

Ausgangslage

Wie für den vorangegangenen Brief mit einer Ausnahme: Sie beziehen sich auf den Mietspiegel der Gemeinde, eine Mietdatenbank oder das Gutachten eines Sachverständigen. Existiert in der Gemeinde ein qualifizierter Mietspiegel, müssen Sie sich sogar darauf beziehen. Ansonsten genügt ein einfacher Mietspiegel. Allerdings sind Mietspiegel rar, von qualifizierten Mietspiegeln und Datenbanken ganz zu schweigen. Ob es in der Gemeinde, in der sich Ihre Mietwohnung befindet, einen Mietspiegel gibt, sagt Ihnen die Gemeindeverwaltung. Gibt es in Ihrer Gemeinde keinen Mietspiegel, dürfen Sie sich auch auf den einfachen oder qualifizierten Mietspiegel einer Nachbargemeinde beziehen – wenn diese in Hinblick auf das Mietniveau vergleichbar ist.

❶ § 558 Absatz 1 BGB

„Der Vermieter kann die Zustimmung zu einer Erhöhung der Miete bis zur ortsüblichen Vergleichsmiete verlangen, wenn die Miete in dem Zeitpunkt, zu dem die Erhöhung eintreten soll, seit 15 Monaten unverändert ist. Das Mieterhöhungsverlangen kann frühestens ein Jahr nach der letzten Mieterhöhung geltend gemacht werden."

❷ das beigefügte Sachverständigengutachten

Begründen Sie Ihre Mieterhöhung mit dem Gutachten eines Sachverständigen, dann sollten Sie es in Kopie beifügen. Es genügt nicht, aus dem Gutachten zu zitieren. Es muss dem Mieter vollständig zugänglich gemacht werden. Den folgenden Satz im Musterbrief („Demnach berechnet sich ...") sollten Sie streichen. Denn das sollte ja aus dem Gutachten hervorgehen.

❸ Demnach berechnet sich die Vergleichsmiete ... wie folgt

Die Mietspiegel unterscheiden sich mitunter beträchtlich. Sie müssen das jeweilige Berechnungsschema zugrunde legen und Ihrem Mieter darlegen, wie Sie auf die Vergleichsmiete kommen (etwa „Dreizimmerwohnung in mittlerer Wohnlage, gehobene Ausstattung"). Sie müssen Ihrem Mieter nicht den Mietspiegel erklären, aber für ihn muss nachvollziehbar sein, wie Sie auf den betreffenden Betrag gekommen sind.

❹ Quadratmeterpreis

Am Ende steht der Quadratmeterpreis. Er ist die Grundlage für Ihre Mieterhöhung. Auf diesen Betrag dürfen Sie maximal die Miete anheben.

Sandra Klangberg
Beerbaumstraße 12
82166 Gräfelfing

Herrn
Thomas Meyer
Martiusstraße 155
80202 München   Gräfelfing, 20.6.2014

Mieterhöhung: Ihre Zustimmung

Sehr geehrter Herr Meyer,

seit _____ bezahlen Sie eine monatliche Kaltmiete von _____ Euro. Bei _____ Quadratmetern Wohnfläche entspricht das einem Quadratmeterpreis von _____ Euro. Dieser Mietpreis entspricht nicht mehr der Miete, die in unserer Gemeinde für nicht preisgebundenen Wohnraum vergleichbarer Art, Größe, Ausstattung, Beschaffenheit und Lage bezahlt wird.

❶ Nach § 558 Absatz 1 BGB bin ich berechtigt, von Ihnen die Zustimmung zu einer Mieterhöhung zu verlangen, wenn die Miete seit einem Jahr unverändert ist und die ortsübliche Vergleichsmiete nicht überschritten wird. Um Letzteres zu belegen, verweise ich auf den Mietspiegel/die Miet-
❷ datenbank unserer Gemeinde/das beigefügte Sachverständigengutachten. Demnach berechnet sich
❸ die Vergleichsmiete für Ihre Wohnung wie folgt: _____

_____

_____

❹ Quadratmeterpreis: _____

Daher bin ich berechtigt, die monatliche Miete auf diesen Quadratmeterpreis zu erhöhen. Das entspricht einer monatlichen Kaltmiete in Höhe von _____ Euro. Zusammen mit der Vorauszahlung für die Nebenkosten ergibt sich für Sie eine Zahlung in Höhe von _____ Euro.

Bitte erteilen Sie mir Ihre Zustimmung zu dieser Mieterhöhung bis spätestens zum Ablauf des zweiten Kalendermonats, der auf den Zugang dieses Schreibens folgt. Das ist der _____.

Die neue Miete ist für den darauffolgenden Monat zu bezahlen, also ab dem _____.

Erteilen Sie mir bis zum Ablauf dieser Frist nicht Ihre Zustimmung, bin ich gezwungen, die Zustimmung gerichtlich einzuklagen. Die Kosten dafür hätten Sie zu tragen.

Mit freundlichen Grüßen

Sandra Klangberg

Kommentar zu Musterbrief 17: Mieterhöhung bei Indexmiete

Ausgangslage

Sie haben in Ihrem Mietvertrag eine Indexmiete vereinbart. Grundlage ist der Verbraucherpreisindex. Erhöht sich dieser Index um mehr als fünf Prozent, sind Sie berechtigt, die Miete entsprechend zu erhöhen. Das dürfen Sie aber frühestens nach zwölf Monaten tun, sodass im Ergebnis die Indexmiete mindestens 14 Monate lang unverändert bleibt. Eine Zustimmung des Mieters ist nicht erforderlich.

1 In unserem Mietvertrag haben wir eine Indexmiete vereinbart

Sie wiederholen, was in Ihrem Mietvertrag steht. Dadurch machen Sie für Ihren Mieter die Mieterhöhung nachvollziehbar.

2 Beide Bedingungen sind nun erfüllt

Sie müssen Ihrem Mieter vorrechnen, wie Sie auf die Erhöhung kommen. Dazu müssen Sie alle nötigen Angaben machen, auch wenn Ihr Mieter sicher weiß, wie viel Miete er seit wann bezahlt.

3 Verbraucherpreisindex

Sie müssen den Stand bei der letzten Mieterhöhung (oder bei Vertragsabschluss) und den aktuellen Stand gegenüberstellen. Zwingende Voraussetzung: Der Index muss sich mindestens um fünf Prozent verändert haben. Das heißt, Ausgangspunkt ist der alte Stand (Beispiel: alter Stand 115, neuer Stand: 122, Differenz: 7 Punkte; bezogen auf 115 sind das sechs Prozent).

4 Um diesen Prozentsatz erhöht sich nun auch Ihre Kaltmiete

Den Prozentsatz müssen Sie in den Betrag umrechnen, um den die Miete steigt. Und dann sollten Sie die neue Miete angeben, womöglich sogar den Gesamtbetrag, den Ihr Mieter Ihnen überweisen muss.

5 mit Beginn des übernächsten Monats

So steht es in § 557b Absatz 3 Satz 3 BGB. Das heißt: Im Unterschied zur Erhöhung auf die ortsübliche Vergleichsmiete, die einen Mindestabstand von 15 Monaten vorsieht, sind hier auch 14 Monate denkbar. Geben Sie aber unbedingt den betreffenden Monat an, denn Formulierungen wie „Ablauf/Beginn des übernächsten Monats, der auf irgendetwas folgt" sind nicht gerade glasklar und werden häufig missverstanden. Für Sie ist es ganz einfach: Gehen Sie vom Datum aus, an dem Ihr Mieter das Schreiben erhält (zum Beispiel 14. April), rechnen Sie zwei Monate weiter (Juni). Schon für Juni gilt die höhere Miete.

Sandra Klangberg
Beerbaumstraße 12
82166 Gräfelfing

Herrn
Thomas Meyer
Martiusstraße 155
80202 München   Gräfelfing, 20.6.2014

Mieterhöhung

Sehr geehrter Herr Meyer,

1 in unserem Mietvertrag haben wir eine Indexmiete vereinbart. Wenn sich der Verbraucherpreisindex um mehr als fünf Prozent verändert, ist jede Vertragspartei berechtigt, eine entsprechende Anpassung der Miete zu verlangen. Vorausgesetzt, die alte Miete gilt bereits
2 seit zwölf Monaten. Beide Bedingungen sind nun erfüllt. Sie zahlen Ihre Kaltmiete in
3 Höhe von _____ Euro seit dem _____. In dieser Zeit hat sich der Verbraucherpreisindex von _____ Punkte auf _____ Punkte erhöht. Das entspricht einer Steigerung
4 um _____ Prozent. Um diesen Prozentsatz erhöht sich nun auch Ihre Kaltmiete. _____
Prozent von _____ Euro sind _____ Euro, die Sie in Zukunft mehr bezahlen müssen, mithin beträgt die neue Kaltmiete _____ Euro.

5 Die neue Miete gilt mit Beginn des übernächsten Monats, der auf den Zugang des Schreibens folgt, also ab _____. Bitte denken Sie bei der Überweisung Ihrer Miete daran.

Mit freundlichen Grüßen

Sandra Klangberg

Kommentar zu Musterbrief 18: Ankündigung von Modernisierungsmaßnahmen

Ausgangslage

Sie planen eine Maßnahme zur Modernisierung des Gebäudes oder der Wohnung. Wie sonstige Bauarbeiten müssen Sie diese rechtzeitig ankündigen: drei Monate vor Beginn der Arbeiten. In Ihrem Schreiben müssen Sie Ihrem Mieter auch mitteilen, wie hoch voraussichtlich die Kosten sind, die auf ihn nach einer Mieterhöhung zukommen.

❶ Zustand ... macht ... bauliche Maßnahmen erforderlich

Es geht nicht um willkürliche Maßnahmen, sondern um solche, die für den Erhalt und/oder die Verbesserung der Mietsache erforderlich sind.

❷ Maßnahmen zur Instandhaltung

Die Kosten für diese Maßnahmen können Sie nicht auf Ihren Mieter umlegen. Aber Sie müssen auch diese Arbeiten ankündigen.

❸ Maßnahmen zur Modernisierung

Hierzu zählen alle Maßnahmen, die den Gebrauchswert der Mietsache nachhaltig erhöhen, die Wohnverhältnisse auf Dauer verbessern oder die helfen, Energie einzusparen. Die Kosten hierfür dürfen auf die Mieter umgelegt werden.

❹ Die Arbeiten sollen am _____ beginnen

Diese Angabe ist unbedingt erforderlich, damit sich der Mieter darauf einstellen und auch ersehen kann, ob Sie die Maßnahmen rechtzeitig angekündigt haben.

❺ § 555d Absatz 1 und 2 BGB

Duldung von Modernisierungsmaßnahmen. Absatz 1: „Der Mieter hat eine Modernisierungsmaßnahme zu dulden". Absatz 2 schränkt ein, dass die Duldungspflicht nicht besteht, wenn die Maßnahme für den Mieter, seine Familie oder einen Angehörigen seines Haushalts eine unzumutbare Härte bedeuten würde.

❻ unzumutbare Härte

So steht es in § 555d Absatz 2. Dabei werden die Interessen des Mieters und die der übrigen Bewohner gegen die Interessen des Vermieters aufgerechnet. Es muss einiges zusammenkommen, ehe der Mieter Bauarbeiten verhindern kann. Achtung: Bei einer Modernisierung wegen Energiesparmaßnahmen oder aus Gründen des Klimaschutzes kann der Mieter keine finanziellen Härtegründe geltend machen! Zwar kann er sich nach wie vor auf finanzielle Gründe berufen, aber erst wenn Sie die Miete erhöhen – die Maßnahme selbst kann er nicht verhindern.

Sandra Klangberg
Beerbaumstraße 12
82166 Gräfelfing

Herrn
Thomas Meyer
Martiusstraße 155
80202 München   Gräfelfing, 20.6.2014

Ankündigung von Modernisierungsmaßnahmen

Sehr geehrter Herr Meyer,

① der Zustand Ihrer Wohnung/des Gebäudes, das Sie bewohnen, macht eine Reihe von baulichen Maßnahmen erforderlich. Dabei handelt es sich um folgende Arbeiten:

② 1. Maßnahmen zur Instandhaltung:

_____

_____

_____

③ 2. Maßnahmen zur Modernisierung:

_____

_____

_____

④ Die Arbeiten sollen am _____ beginnen. Die Bauzeit beträgt voraussichtlich _____ Wochen.

⑤ Nach § 555d Absatz 1 und 2 BGB sind Sie verpflichtet, die Maßnahmen zu dulden, wenn
⑥ sie nicht für Sie, Ihre Familie oder einen Angehörigen Ihres Haushalts eine unzumutbare Härte bedeuten würde.

Was die Modernisierung betrifft, so werden sich die Gesamtkosten nach den Kostenvoranschlägen auf etwa _____ Euro belaufen. Daraus ergibt sich für Sie, dass Sie nach Abschluss der Arbeiten mit folgender Mieterhöhung zu rechnen haben:

7

Voraussichtliche Gesamtkosten: _____ Euro

Ihr Anteil gemäß Ihrer Wohnfläche: _____ Euro

Davon sind zehn/elf Prozent pro Jahr umlagefähig, also _____ Euro

8

Das ergibt im Monat einen Betrag von _____ Euro, um den sich Ihre Monatsmiete voraussichtlich erhöht. Sie hätten dann _____ Euro zu zahlen.

9

In diesem Zusammenhang weise ich Sie darauf hin, dass Ihnen nach § 555e Absatz 1 BGB ein Sonderkündigungsrecht zusteht. Bis zum Ende des Monats, der auf den Zugang dieser Mitteilung folgt, können Sie außerordentlich kündigen, also bis zum _____. Kündigen würden Sie dann zum Ende des folgenden Monats, also spätestens zum

10

11

_____.

Wenn Sie von Ihrem Sonderkündigungsrecht Gebrauch machen wollen, lassen Sie mich das möglichst bald wissen.

Mit freundlichen Grüßen

Sandra Klangberg

Kommentar zu Musterbrief 18: Ankündigung von Modernisierungsmaßnahmen

7 dass Sie mit folgender Mieterhöhung zu rechnen haben

Sie müssen den Mieter informieren, was an Kosten auf ihn zukommt, genauer: wie hoch die Mieterhöhung ausfallen wird. Dadurch soll er beurteilen können, ob die Wohnung für ihn nicht zu teuer wird und er von dem Sonderkündigungsrecht Gebrauch machen sollte. Setzen Sie die Kosten auf keinen Fall zu niedrig an, denn übersteigen die tatsächlichen Kosten die hier angekündigten um mehr als zehn Prozent, verschiebt sich die Mieterhöhung um sechs Monate!

8 zehn/elf Prozent umlagefähig

Aktuelle Gesetzeslage: elf Prozent. Allerdings plant die Regierung, die Umlage auf zehn Prozent abzusenken. Außerdem soll die Umlage nur zehn Jahre lang erhoben werden dürfen (bisher gilt die höhere Miete unbegrenzt fort). Danach hat sich die Modernisierung „amortisiert" und Sie müssten die Miete wieder um den entsprechenden Betrag senken! Mit der Änderung ist Ende 2014, Anfang 2015 zu rechnen. In jedem Fall streichen Sie die unzutreffende Prozentzahl.

9 Betrag …, um den sich Ihre Monatsmiete voraussichtlich erhöht

Für den Mieter ist auf einen Blick erkennbar, was ihn das Ganze kosten wird.

10 § 555e Absatz 1 BGB

„Nach Zugang der Modernisierungsankündigung kann der Mieter das Mietverhältnis außerordentlich zum Ablauf des übernächsten Monats kündigen. Die Kündigung muss bis zum Ablauf des Monats erfolgen, der auf den Zugang der Modernisierungsankündigung folgt." Auf dieses Sonderkündigungsrecht müssen Sie unbedingt hinweisen.

11 Kündigen würden Sie … also spätestens zum

Es dient der Klarheit, die gesetzlichen Fristen in ein konkretes Datum zu übersetzen. Der Mieter hat noch bis Monatsende plus einen weiteren Monat Zeit, sein Kündigungsrecht einzusetzen (Beispiel: Ihre Mitteilung erreicht ihn am 20. März, bis Ende April kann er kündigen). Gekündigt wird zum Ende des Folgemonats (kündigt der Mieter noch im März, kann er bereits zum 30. April kündigen; eine Kündigung im April würde zum 31. Mai wirksam – dieses Datum würden Sie in Ihrem Brief bei „spätestens" eintragen).

Kommentar zu Musterbrief 19: Mieterhöhung wegen Modernisierung

Ausgangslage

Sie haben eine Maßnahme zur Modernisierung durchführen lassen und die Arbeiten rechtzeitig angekündigt (mindestens drei Monate vorher); die Arbeiten sind abgeschlossen und alle Rechnungen liegen vor. Dann dürfen Sie nach § 559 BGB die Miete erhöhen.

Doch was gilt wenn die Kosten um mehr als zehn Prozent höher liegen als angekündigt oder wenn Sie die Modernisierung nicht rechtzeitig angekündigt haben? Wenn Sie mit dem Gedanken spielen, einfach darüber hinwegzugehen, dass Sie die Voraussetzungen nach § 559b Absatz 2 BGB nicht erfüllt haben, können wir davon nur abraten. Sie spekulieren darauf, dass der Mieter ohnehin nichts merkt. Doch riskieren Sie nicht nur, das gegenseitige Vertrauen zu verspielen, sondern Ihre Mieterhöhung würde dadurch unwirksam. Sie müssten nochmals die Miete erhöhen und würden viel Zeit verlieren.

Spielen Sie lieber mit offenen Karten und fügen Sie einen Absatz wie: „Leider konnte der Kostenrahmen nicht eingehalten werden. Die tatsächlichen Kosten überstiegen die angekündigten um mehr als zehn Prozent. Deshalb verschiebt sich für Sie die Mieterhöhung um sechs Monate. Die neue Miete ist daher mit Beginn des neunten Monats nach dem Zugang dieses Schreiben zu zahlen, also ab dem _____."

Und wenn dieser Termin näher rückt, tun Sie gut daran, Ihren Mieter noch einmal daran zu erinnern, dass demnächst die höhere Miete fällig ist. Denn in einem Dreivierteljahr kann man so etwas schon einmal vergessen.

① Modernisierung ... angekündigt

Die Modernisierung müssen Sie rechtzeitig angekündigt haben. Sonst verschiebt sich die Mieterhöhung um sechs Monate! Das Gleiche gilt für den Fall, dass die tatsächlichen Kosten um zehn Prozent höher liegen als vorher angekündigt.

② Im Einzelnen wurden folgende Arbeiten durchgeführt

Alle Arbeiten, die tatsächlich durchgeführt wurden, müssen Sie auflisten, ebenso die Kosten. Dabei müssen Sie Zuschüsse, Darlehen und die Kosten für Instandsetzungsmaßnahmen, die ohnehin fällig waren, herausrechnen! Reicht der Platz nicht aus, weisen Sie an dieser Stelle einfach auf die Anlage hin und legen Sie eine detaillierte Abrechnung bei.

Sandra Klangberg
Beerbaumstraße 12
82166 Gräfelfing

Herrn
Thomas Meyer
Martiusstraße 155
80202 München   Gräfelfing, 20.6.2014

Mieterhöhung wegen Modernisierung

Sehr geehrter Herr Meyer,

❶ die Modernisierung, die ich Ihnen in meinem Schreiben vom _____ angekündigt hatte,
ist nun abgeschlossen. Mittlerweile liegen auch alle Rechnungen vor, sodass ich Ihnen
gegenüber abrechnen kann.

❷ Im Einzelnen wurden folgende Arbeiten durchgeführt:

_____

_____

_____

_____

_____

_____

_____

Die umlagefähigen Gesamtkosten betragen demnach _____ Euro. Nach § 559 ③

Absatz 1 BGB bin ich berechtigt, jährlich elf Prozent davon, das sind _____ Euro, ④

auf die Mieter umzulegen. Gemäß Ihrem Anteil an der Gesamtwohnfläche (_____ m² von

_____ m² = _____ Prozent), ergibt sich für Sie ein Betrag von _____ Euro pro Jahr, ⑤

im Monat sind das _____ Euro.

Um diesen Betrag erhöht sich Ihre Miete von derzeit _____ Euro auf _____ Euro.

Die neue Miete ist gemäß § 559b Absatz 2 BGB mit Beginn des dritten Monats nach Zu- ⑥

gang dieses Schreibens zu entrichten, sie gilt also ab dem _____. ⑦

Mit freundlichen Grüßen

Sandra Klangberg

Kommentar zu Musterbrief 19: Mieterhöhung wegen Modernisierung

③ Die umlagefähigen Gesamtkosten betragen

Unbedingt angeben, sonst kann der Mieter Ihre Rechnung nicht nachvollziehen!

④ § 559 Absatz 1 BGB

„Hat der Vermieter Modernisierungsmaßnahmen im Sinne des § 555b Nummer 1, 3, 4, 5 oder 6 durchgeführt, so kann er die jährliche Miete um 11 Prozent der für die Wohnung aufgewendeten Kosten erhöhen." Achtung, nochmals der Hinweis: Bei Redaktionsschluss galten die 11 Prozent. Der Gesetzgeber hat jedoch angekündigt, die Umlage auf zehn Prozent zu reduzieren und sie auf zehn Jahre zu begrenzen.

⑤ ergibt sich für Sie ..., im Monat sind das ...

Rechnen Sie Ihrem Mieter genau vor, wie Sie von den Gesamtkosten zu dem Betrag kommen, um den sich seine Monatsmiete erhöht.

⑥ § 559b Absatz 2 BGB

„Der Mieter schuldet die erhöhte Miete mit Beginn des dritten Monats nach dem Zugang der Erklärung. Die Frist verlängert sich um sechs Monate, wenn der Vermieter dem Mieter die zu erwartende Erhöhung der Miete nicht nach § 554 Absatz 3 Satz 1 mitgeteilt hat oder wenn die tatsächliche Mieterhöhung mehr als 10 von Hundert höher ist als die mitgeteilte."

⑦ gilt also ab dem

Kleine Rechenhilfe: Zu dem Monat, in dem die Erhöhung den Mieter erreicht, zählen Sie drei Monate hinzu. Dann haben Sie den Monat, für den die höhere Miete zu zahlen ist (Beispiel: Zugang des Schreibens: 10. September, plus drei Monate = Dezember, die neue Miete gilt ab Dezember).

Kommentar zu Musterbrief 20: Erhöhung der Nebenkostenpauschale

Ausgangslage

Sie haben eine Nebenkostenpauschale vereinbart. Und in Ihrem Mietvertrag ist eine Klausel enthalten, die Sie berechtigt, die Pauschale anzuheben. Dann dürfen Sie nach § 560 BGB diese Pauschale erhöhen. Und weil Nebenkosten als Teil der Miete gelten, gehört diese Anhebung in das Kapitel zur Mieterhöhung.

① Nebenkostenpauschale in Höhe von

Die sollten Sie immer angeben – erst recht, wenn Sie nur einen Teil der Nebenkosten als Pauschale erheben und über andere Kosten abrechnen. Für den Mieter muss klar sein, von welchem Betrag die Rede ist.

② Nach unserem Mietvertrag

Fehlt eine solche Klausel im Mietvertrag, dürfen Sie die Pauschale nicht erhöhen. Ausnahme: Der Mietvertrag wurde vor dem 1. September 2001 geschlossen. Dann ist die Klausel nicht nötig und Sie können diesen Satz streichen.

③ Im Einzelnen haben sich die Nebenkosten folgendermaßen entwickelt

Ein wichtiger Punkt, der fast immer missachtet wird: Um die Pauschale wirksam zu erhöhen, reicht es nicht aus, Ihrem Mieter mitzuteilen, dass sich eine bestimmte Nebenkostenart erhöht hat (zum Beispiel die Müllgebühren) und Sie die Pauschale um den Erhöhungsbetrag anheben. Vielmehr müssen Sie Ihrem Mieter vorrechnen, wie sich sämtliche Nebenkostenarten entwickelt haben, für die Sie die Pauschale erheben.

###

Sie stellen für jede Nebenkostenart die ursprünglichen Kosten (bzw. die Kosten zum Zeitpunkt der letzten Anpassung) den aktuellen Kosten gegenüber. Welche Nebenkosten in die Pauschale eingehen, entnehmen Sie dem Mietvertrag.

⑤ Differenz

Erst aus dieser Aufstellung ergibt sich, um wie viel die Pauschale erhöht werden kann. Diesen Betrag müssen Sie natürlich nennen.

⑥ § 560 Absatz 2 Satz 1 BGB

„Der Mieter schuldet den auf ihn entfallenden Teil der Umlage mit Beginn des auf die Erklärung folgenden übernächsten Monats." Einfach gesagt: Rechnen Sie zwei Monate weiter.

Sandra Klangberg
Beerbaumstraße 12
82166 Gräfelfing

Herrn
Thomas Meyer
Martiusstraße 155
80202 München   Gräfelfing, 20.6.2014

Erhöhung der Nebenkostenpauschale

Sehr geehrter Herr Meyer,

① zurzeit bezahlen Sie zu Ihrer Grundmiete eine Nebenkostenpauschale in Höhe von
② _____ Euro. Nach unserem Mietvertrag kann diese Pauschale erhöht werden, wenn
③ die betreffenden Nebenkosten gestiegen sind. Dies ist nun der Fall. Im Einzelnen haben
sich die Nebenkosten folgendermaßen entwickelt:

④ _____

_____

_____

_____

_____

⑤ Daraus ergibt sich eine Differenz von _____ Euro pro Monat. Um diesen Betrag er-
⑥ höht sich Ihre Nebenkostenpauschale auf _____ Euro. Nach § 560 Absatz 2 Satz 1
BGB gilt die neue Nebenkostenpauschale mit Beginn des übernächsten Monats nach Zugang dieses Schreibens, also ab _____.

Mit freundlichen Grüßen

Sandra Klangberg

Kündigung des Mietvertrags

Als Vermieter können Sie Ihrem Mieter nicht einfach so kündigen, vielmehr müssen Sie ein „berechtigtes Interesse" an der Kündigung geltend machen können. Das liegt vor, wenn Sie aus einem der drei folgenden Gründe kündigen möchten:

- Der Mieter verletzt „schuldhaft nicht unerheblich" seine vertraglichen Pflichten. Hierzu gehört vor allem die unzuverlässige Zahlung der Miete, aber auch grobe Verstöße gegen die Hausordnung, unerlaubte Untervermietung oder Zweckentfremdung der Mieträume rechtfertigen eine Kündigung.

- Sie benötigen die Wohnung für sich selbst, für einen Familienangehörigen oder für jemanden, der zu Ihrem Haushalt gehört. In diesen Fällen handelt es sich um die sogenannte Eigenbedarfskündigung.

- Wenn Ihnen durch die Fortsetzung des Mietverhältnisses erhebliche finanzielle Nachteile entstehen, ist unter Umständen eine „Verwertungskündigung" möglich.

In der Praxis spielen vor allem die ersten beiden Kündigungsgründe eine Rolle. Die Verwertungskündigung ist ein schwieriges Thema, an das Sie sich nur mit anwaltlicher Hilfe heranwagen sollten. Gleichwohl finden Sie ein Musterschreiben für eine „Verwertungskündigung" als Arbeitshilfe online.

Weiterhin ist zu unterscheiden zwischen einer „ordentlichen" Kündigung, bei der Sie die jeweilige Kündigungsfrist beachten müssen, und einer „fristlosen" Kündigung, bei der Sie meist Ihren Mieter vorher abmahnen müssen. Deshalb haben wir auch eine Abmahnung in dieses Kapitel aufgenommen.

Schließlich noch ein Hinweis: Im Zweifel müssen Sie hieb- und stichfest beweisen, dass der Mieter seine Kündigung bekommen hat – und zwar fristgerecht. Die einzige Möglichkeit, die Kündigung sicher zustellen zu lassen, ist per Gerichtsvollzieher. Da nutzt es Ihrem Mieter auch nichts, wenn er die Annahme verweigert oder behauptet, von Ihnen nur einen leeren Briefumschlag erhalten zu haben.

Kommentar zu Musterbrief 21: Abmahnung des Mieters

Ausgangslage

Ihr Mieter hat erheblich seine Pflichten verletzt bzw. gegen den Mietvertrag verstoßen. Er stört die Nachtruhe, hält sich unberechtigterweise einen Hund oder hat Verwandte aufgenommen, sodass die Wohnung jetzt stark überbelegt ist. Auch wenn der Mieter seine „Duldungspflicht" erheblich verletzt, also Modernisierungsmaßnahmen in seiner Wohnung verhindert, können Sie ihm fristlos kündigen. Ebenso wenn er seine Miete wiederholt unpünktlich zahlt. Es geht um solche schweren Fälle, die eine fristlose Kündigung rechtfertigen – allerdings nur, wenn Sie Ihren Mieter vorher abmahnen und ihm die Chance geben, sein vertragswidriges Verhalten abzustellen. Auf die Abmahnung können Sie lediglich in drei Fällen verzichten: bei erheblichem Zahlungsverzug, wenn der Mieter handgreiflich wird oder wenn nicht damit zu rechnen ist, dass eine Änderung eintritt.

① Sie haben _____

Sagen Sie gleich, worum es geht. Bezeichnen Sie den Verstoß so genau wie möglich. Was ist genau passiert? Wann ist das geschehen? Wo? Pauschale Anschuldigungen („ständiger Lärm") reichen nicht aus. Sie müssen zumindest Beispiele nennen.

② haben Sie erheblich gegen Ihre mietvertraglichen Pflichten verstoßen, denn

Nehmen Sie möglichst Bezug auf den Mietvertrag. Es stärkt Ihre Argumentation, wenn Sie etwa darauf hinweisen: „Nach § 9 unseres Mietvertrags sind bauliche Veränderungen ohne Zustimmung des Vermieters nicht gestattet."

③ Hiermit fordere ich Sie auf _____

Sagen Sie Ihrem Mieter klipp und klar, was Sie von ihm erwarten: dass er die Ruhezeiten einhält, seinen Brillenkaiman wieder abschafft oder seinen Müll ordnungsgemäß entsorgt.

④ Hierzu setze ich Ihnen eine Frist

Dies ist bei einem anhaltenden Verstoß wie bei der unerlaubten Anschaffung von Haustieren unbedingt erforderlich. Bei wiederholten Verstößen, beispielsweise Störung der Nachtruhe, sollten Sie diesen Satz streichen.

⑤ sehe ich mich gezwungen

Lassen Sie Ihren Mieter wissen, was geschieht, wenn er Ihrer Aufforderung nicht Folge leistet. Dabei ist die fristlose Kündigung die schärfere Drohung. Und doch sind Sie in manchen Fällen (unerlaubtes Haustier) gezwungen, erst einmal auf Unterlassung zu klagen.

Sandra Klangberg
Beerbaumstraße 12
82166 Gräfelfing

Herrn
Thomas Meyer
Martiusstraße 155
80202 München   Gräfelfing, 20.6.2014

Abmahnung

Sehr geehrter Herr Meyer,

① Sie haben _____

_____

_____

_____

② Damit haben Sie erheblich gegen Ihre mietvertraglichen Pflichten verstoßen, denn

_____

③ Hiermit fordere ich Sie auf, _____

④ Hierzu setze ich Ihnen eine Frist bis _____. Sollten Sie darüber hinaus Ihr
⑤ vertragswidriges Verhalten fortsetzen, sehe ich mich gezwungen, Klage einzureichen/
Ihnen fristlos zu kündigen.

Mit freundlichen Grüßen

Sandra Klangberg

Kommentar zu Musterbrief 22: Fristlose Kündigung

Ausgangslage

Trotz Abmahnung setzt Ihr Mieter sein vertragswidriges Verhalten fort. Oder aber Sie haben auf Unterlassung geklagt, Recht bekommen und es ändert sich nichts. Drittes Szenario: Der Verstoß ist so eklatant, dass Ihnen die Fortsetzung des Mietverhältnisses nicht zugemutet werden kann (Beispiel: Der Mieter bedroht Sie oder einen Familienangehörigen). Dann dürfen Sie ihm fristlos kündigen.

1 **hatte ich Sie abgemahnt, weil Sie _____**

Nehmen Sie unbedingt auf Ihre Abmahnung Bezug. Kündigen Sie ohne Abmahnung, streichen Sie den ganzen ersten Absatz und schildern Sie genau den Verstoß.

2 **Nun muss ich feststellen**

Hier müssen Sie deutlich machen, dass der Mieter sein vertragswidriges Verhalten fortsetzt: Der Familie lebt noch immer in der Einzimmerwohnung, der Hund kläfft noch immer Tag und Nacht (trotz erfolgreicher Unterlassungsklage), der Mieter spielt in den Mittagsstunden noch immer Schlagzeug.

3 **§ 543 BGB**

Der Paragraf zur außerordentlichen fristlosen Kündigung aus wichtigem Grund umreißt alle möglichen Kündigungsgründe. Etwa unter Absatz 2: Ein wichtiger Grund liegt insbesondere vor, „wenn der Mieter die Rechte des Vermieters dadurch in erheblichem Maße verletzt, dass er die Mietsache durch Vernachlässigung der ihm obliegenden Sorgfalt erheblich gefährdet oder sie unbefugt einem Dritten überlässt." Absatz 3 legt fest, dass bei der „Verletzung einer Pflicht aus dem Mietvertrag" erst „nach erfolglosem Ablauf einer zur Abhilfe bestimmten angemessenen Frist oder nach erfolgloser Abmahnung" gekündigt werden darf. Von den Ausnahmen war bereits bei der Abmahnung die Rede.

4 **Ich fordere Sie auf, die Wohnung unverzüglich zu räumen**

Hier läuft das ganze Programm einschließlich Räumungsklage, das wir schon bei der fristlosen Kündigung wegen Zahlungsverzug angesprochen haben, ab. Das ist leider unverzichtbar.

5 **§ 545 BGB**

Bleibt der Mieter wohnen und Sie widersprechen nicht noch einmal ausdrücklich, würde sich das Mietverhältnis auf unbestimmte Zeit verlängern.

Sandra Klangberg
Beerbaumstraße 12
82166 Gräfelfing

Herrn
Thomas Meyer
Martiusstraße 155
80202 München   Gräfelfing, 20.6.2014

Fristlose Kündigung

Sehr geehrter Herr Meyer,

❶ am _____ hatte ich Sie abgemahnt, weil Sie _____
_____. Ich hatte Sie auf-
gefordert, Ihr vertragswidriges Verhalten zu unterlassen, und Ihnen eine Frist bis zum
❷ _____ gesetzt. Nun muss ich feststellen, dass _____
_____ .

❸ Daher bin ich nach § 543 BGB berechtigt, Ihnen fristlos zu kündigen, was hiermit geschieht.

❹ Ich fordere Sie auf, die Wohnung unverzüglich zu räumen und in einem vertragsgemäßen
Zustand mit sämtlichen Schlüsseln bis spätestens _____ an mich zurückzugeben.
Sollte eine fristgerechte Räumung nicht erfolgen, werde ich ohne weitere Ankündigung
Räumungsklage erheben. Einer Fortsetzung des Mietverhältnisses über den Kündigungs-
❺ zeitpunkt hinaus im Sinne von § 545 BGB wird bereits heute ausdrücklich widersprochen.

Mit freundlichen Grüßen

Sandra Klangberg

Kommentar zu Musterbrief 23: Ordentliche Kündigung

Ausgangslage

Ihr Mieter verletzt erheblich seine Pflichten. Vielleicht haben Sie ihn bereits abgemahnt. Vergeblich. Eine Fortsetzung des Mietverhältnisses erscheint kaum zumutbar, doch eine fristlose Kündigung erscheint Ihnen eine Nummer zu groß. Womöglich bleibt Ihr Mieter wohnen, und Ihre Kündigung scheitert vor Gericht. In solchen Fällen ist es manchmal aussichtsreicher, ordentlich zu kündigen.

① Sie haben _____

Hier müssen die Kündigungsgründe aufgezählt werden, und zwar vollständig. Denn was Sie hier vergessen, können Sie später (vor Gericht) nicht mehr geltend machen (vgl. § 574 Absatz 3 BGB). Auch wenn Sie den Mieter abgemahnt haben, sollten Sie das hier noch einmal erwähnen.

② haben Sie gegen Ihre mietvertraglichen Pflichten verstoßen, denn _____

Nehmen Sie Bezug auf Ihren Mietvertrag, um Ihren Kündigungsgrund zu stützen.

③ kündige ich das Mietverhältnis fristgerecht zum

Beachten Sie die gesetzliche Kündigungsfrist von drei Monaten. Nach fünf Jahren verlängert sie sich auf sechs Monate, nach acht Jahren auf neun Monate.

④ § 573 Absatz 2 Ziffer 1 BGB

Ordentliche Kündigung des Vermieters. Der Vermieter kann nur kündigen, wenn er ein „berechtigtes Interesse an der Beendigung des Mietverhältnisses hat". Absatz 2 Ziffer 1 führt aus, dass dieses berechtigte Interesse vorliegt, wenn „der Mieter seine vertraglichen Pflichten schuldhaft nicht unerheblich verletzt hat".

⑤ Widerspruchsrecht nach § 574 BGB

Widerspruch des Mieters gegen die Kündigung. Der Mieter kann der Kündigung widersprechen, wenn die Beendigung des Mietverhältnisses für ihn, „seine Familie oder einen anderen Angehörigen seines Haushalts eine Härte bedeuten würde, die auch unter Würdigung der berechtigten Interessen des Vermieters nicht zu rechtfertigen ist". Die Interessen beider Seiten werden gegeneinander abgewogen.

⑥ schriftlich erklärt werden ... im Einzelnen zu begründen

Diese beiden Sätze müssen unbedingt in die Kündigung. Es genügt nämlich nicht, den Mieter auf sein Widerspruchsrecht hinzuweisen. Sie müssen ausdrücklich eine Begründung von Ihrem Mieter verlangen.

Sandra Klangberg
Beerbaumstraße 12
82166 Gräfelfing

Herrn
Thomas Meyer
Martiusstraße 155
80202 München   Gräfelfing, 20.6.2014

Ordentliche Kündigung

Sehr geehrter Herr Meyer,

① Sie haben _____

_____

_____

② Damit haben Sie erheblich gegen Ihre mietvertraglichen Pflichten verstoßen, denn

_____

③ Deshalb kündige ich das Mietverhältnis fristgerecht zum _____. Zu dieser Kün-
④ digung bin ich nach § 573 Absatz 2 Ziffer 1 BGB berechtigt, denn wegen Ihres Verhaltens
habe ich ein besonderes Interesse an der Beendigung des Mietverhältnisses. In diesem
⑤ Zusammenhang weise ich Sie darauf hin, das Ihnen nach § 574 BGB ein Widerspruchsrecht zusteht. Spätestens zwei Monate vor Beendigung des Mietverhältnisses müsste Ihr
⑥ Widerspruch mir gegenüber schriftlich erklärt werden. In diesem Fall wäre Ihr Widerspruch im Einzelnen zu begründen.

Mit freundlichen Grüßen

Sandra Klangberg

Kommentar zu Musterbrief 24: Kündigung wegen Eigenbedarf

Ausgangslage

Die Mietwohnung brauchen Sie für sich selbst, für einen nahen Angehörigen oder ein Mitglied Ihres Haushalts (zum Beispiel Haushalts- oder Pflegepersonal). Anderer Wohnraum steht Ihnen nicht zu Verfügung (beispielsweise eine andere, leer stehende Wohnung).

❶ Eigenbedarf

Bei jeder Kündigung müssen Sie den Kündigungsgrund nennen.

❷ ich benötige die Wohnung für

Sie müssen angeben, für wen Sie den Eigenbedarf geltend machen. Für sich selbst, Ihre Tochter oder eine Pflegekraft, die sich beispielsweise um Ihre betagte Mutter kümmern soll. Dabei geht es nicht darum, den Bewohner namentlich zu nennen, sondern den Kündigungsgrund nachvollziehbar zu machen. Schreiben Sie also „für meinen Sohn" und nicht „für Herrn Max Müller".

❸ § 573c Absatz 1 BGB

Fristen der ordentlichen Kündigung: „Die Kündigung ist spätestens am dritten Werktag eines Kalendermonats zum Ablauf des übernächsten Monats zulässig. Die Kündigungsfrist für den Vermieter verlängert sich nach fünf und acht Jahren seit Überlassung des Wohnraums um jeweils drei Monate."

❹ drei/sechs/neun Monate

Unzutreffendes streichen Sie bitte.

❺ § 573 Absatz 2 Ziffer 2 BGB

Ein berechtigtes Interesse des Vermieters zu kündigen liegt vor, wenn „der Vermieter die Räume als Wohnung für sich, seine Familienangehörigen oder Angehörige seines Haltshalts benötigt".

❻ Kündigung näher begründen

Die nähere Begründung empfiehlt sich, um dem Mieter deutlich zu machen, dass ein Widerspruch keine Aussicht auf Erfolg hätte. Erwähnen Sie beispielsweise das hohe Alter oder die Pflegedürftigkeit der Person, für die Sie Eigenbedarf beanspruchen.

❼ Beendigung des Mietverhältnisses ... eine Härte bedeuten würde

Bei der Eigenbedarfskündigung ist ratsam, § 574 näher auszuführen.

Sandra Klangberg
Beerbaumstraße 12
82166 Gräfelfing

Herrn
Thomas Meyer
Martiusstraße 155
80202 München   Gräfelfing, 20.6.2014

Kündigung wegen Eigenbedarf

Sehr geehrter Herr Meyer,

① hiermit kündige ich unseren Mietvertrag wegen Eigenbedarf, denn ich benötige die Woh-

② nung für _____. Gemäß § 573c Absatz 1 BGB beträgt die Kündigungs-

③ frist drei/sechs/neun Monate. Der Vertrag endet also am _____.

④ Im Folgenden möchte ich meine Kündigung Ihnen gegenüber gemäß § 573 Absatz 2

⑤ Ziffer 2 BGB näher begründen: _____

⑥ _____

Gegen diese Kündigung steht Ihnen ein Widerspruchsrecht zu. Nach § 574 BGB können
Sie der Kündigung widersprechen, wenn die Beendigung des Mietverhältnisses für Sie,
Ihre Familie oder einen Angehörigen Ihres Haushalts eine Härte bedeuten würde, die auch
⑦ unter Würdigung meiner Interessen nicht zu rechtfertigen ist. Ihr Widerspruch muss mir
spätestens zwei Monate vor Ende der Mietzeit schriftlich vorliegen. Sie müssen ihn im
Einzelnen schriftlich begründen. Einer Fortsetzung des Mietverhältnisses gemäß § 545
wird bereits heute widersprochen.

Mit freundlichen Grüßen

Sandra Klangberg

Musterbriefe für Sonderfälle

Musterbriefe zu den zwei folgenden speziellen Situationen und die jeweiligen Ausfüllhilfen finden Sie als Arbeitshilfen online. Sie können sie direkt in Ihre Textverarbeitung übernehmen.

Verwertungskündigung

Ausgangslage: Die Vermietung der Wohnung bringt Ihnen erhebliche finanzielle Nachteile. Womöglich sind Sie gezwungen, das Haus oder die Wohnung zu verkaufen, und erzielen mit vermieteten Wohnungen keinen akzeptablen Preis. In solchen Notlagen kommt eine Verwertungskündigung in Betracht. In jedem Fall sollten Sie sich von einem Rechtsanwalt beraten lassen, denn die Hürden für eine Verwertungskündigung liegen hoch.

Sonderkündigungsrecht nach dem Ableben der Mieterin/ des Mieters

Ausgangslage: Ihr Mieter ist verstorben. In diesem Fall treten die Mitbewohner in den bestehenden Vertrag ein – es sei denn, sie erklären innerhalb eines Monats, dass sie nicht in das Mietverhältnis eintreten wollen. Setzt niemand den Vertrag fort, treten die Erben in das Mietverhältnis ein. Allerdings steht Ihnen als Vermieter ein Sonderkündigungsrecht zu, das Sie innerhalb eines Monats ausüben müssen, nachdem Sie vom Tod des Mieters erfahren haben.

Kommentar zum Musterbrief: Sonderkündigungsrecht bei Einliegerwohnungen

Ausgangslage

Sie bewohnen ein Haus mit zwei Wohnungen. Die eine bewohnen Sie, die andere Ihr Mieter. In einer solchen Situation vermieten Sie eine Einliegerwohnung und Ihnen steht ein Sonderkündigungsrecht zu. Ohne nähere Begründung dürfen Sie dem Mieter kündigen.

1 § 573a BGB

Erleichterte Kündigung des Vermieters. Absatz 1: „Ein Mietverhältnis über eine Wohnung in einem vom Vermieter selbst bewohnten Gebäude mit nicht mehr als zwei Wohnungen kann der Vermieter auch kündigen, ohne dass es eines berechtigten Interesses im Sinne des § 573 bedarf. Die Kündigungsfrist verlängert sich in diesem Fall um drei Monate."

2 Sonderkündigungsrecht

Sie müssen den Mieter darauf hinweisen, dass Sie von Ihrem Sonderkündigungsrecht Gebrauch machen. Denn selbstverständlich könnten Sie ihm auch „ordentlich" nach § 573 BGB oder auch fristlos kündigen. Ihr Mieter muss wissen, warum Sie kein „berechtigtes Interesse" anführen. Und natürlich muss er auch über die längere Kündigungsfrist informiert werden.

3 Unser Vertrag endet somit am ...

Geben Sie unbedingt das genaue Datum an. Und weil die Kündigungsfrist doch sehr lang ist, sollten Sie dem Mieter einen Monat vor Ablauf der Frist ein Erinnerungsschreiben schicken.

4 Widerspruchsrecht

Auch wenn Sie Ihr Sonderkündigungsrecht in Anspruch nehmen, kann sich der Mieter auf die Sozialklausel berufen. Allerdings liegen hier die Hürden für ihn deutlich höher, denn die Gerichte ziehen sehr wohl in Betracht, dass eine besondere Situation gegeben ist, wenn Vermieter und Mieter unter einem Dach leben müssen. Dennoch: Einen betagten oder kranken Mieter werden Sie auch mit dem Sonderkündigungsrecht kaum vor die Tür setzen können. Im Unterschied zu den anderen Kündigungen können Sie hier die näheren Kündigungsgründe auch noch während der Gerichtsverhandlung ins Spiel bringen. Denn Ihre Kündigung erfolgte ja ohne Angabe dieser Gründe.

Sandra Klangberg
Beerbaumstraße 12
82166 Gräfelfing

Herrn
Thomas Meyer
Martiusstraße 155
80202 München   Gräfelfing, 20.6.2014

Kündigung wegen Eigenbedarf

Sehr geehrter Herr Meyer,

①
② Sie bewohnen eine Einliegerwohnung. Daher steht mir nach § 573a BGB ein Sonderkündigungsrecht zu, von dem ich hiermit Gebrauch mache. Die gesetzliche Kündigungsfrist
verlängert sich dadurch um drei Monate auf sechs/neun/zwölf Monate. Unser Vertrag
③ endet somit am ____.

④ Gegen diese Kündigung steht Ihnen ein Widerspruchsrecht zu. Nach § 574 BGB können
Sie der Kündigung widersprechen, wenn die Beendigung des Mietverhältnisses für Sie,
Ihre Familie oder einen Angehörigen Ihres Haushalts eine Härte bedeuten würde, die auch
unter Würdigung meiner Interessen nicht zu rechtfertigen ist. Ihr Widerspruch muss mir
spätestens zwei Monate vor Ende der Mietzeit schriftlich vorliegen. Sie müssen ihn im
Einzelnen schriftlich begründen.

Mit freundlichen Grüßen

Sandra Klangberg

Kommentar zu Musterbrief 25: Unwirksame Kündigung des Mieters

Ausgangslage

Der Mieter hat gekündigt. Ihm ist dabei aber ein Fehler unterlaufen, zum Beispiel hat er nicht allen Vermietern gekündigt oder seine Kündigung nicht unterschrieben. Seine Kündigung ist unwirksam. Allerdings empfiehlt es sich, für klare Verhältnisse zu sorgen und den Mieter auf seine fehlerhafte Kündigung hinzuweisen.

1 in Ihrem Schreiben vom

Nehmen Sie auf die Kündigung unmittelbar Bezug.

2 haben Sie nicht wirksam gekündigt, denn _____

Machen Sie unmissverständlich klar, dass die Kündigung nicht gültig ist. Zumindest nach Ihrer Auffassung. Legen Sie die Gründe offen, warum das so ist (Beispiel: Nicht alle Mieter haben die Kündigung unterschrieben, das ist für eine wirksame Kündigung aber zwingend erforderlich).

3 Wollen Sie wirksam kündigen

Weisen Sie den Mieter darauf hin, was er tun muss, wenn er (doch noch) kündigen will. Reagiert er nicht, können Sie davon ausgehen, dass das Mietverhältnis weiter besteht. Ansonsten wird Ihr Mieter eine erneute Kündigung schicken. Oder aber er wird Ihnen gegenüber erklären müssen, warum er seiner Ansicht nach doch wirksam gekündigt hat.

4 Fristen würden sich ... verlängern

Wichtiger Hinweis, damit Ihr Mieter auch die Fristen einhält. Ansonsten würde er zu früh das Mietverhältnis beenden (wenn Sie aber genau das erreichen wollen, können Sie das ja von sich aus anbieten). Ansonsten gilt: Eine fehlerhafte Angabe der Frist macht die Kündigung nicht unwirksam. Sie verschiebt sich nur, das heißt, es gilt die korrekte Frist. Tritt dieser Fall ein, sollten Sie Ihrem Mieter das in einem kurzen Schreiben mitteilen („Sie haben zum _____ gekündigt. Tatsächlich können Sie aber erst zum _____ kündigen. Daher läuft unser Vertrag bis zu diesem Termin.").

Sandra Klangberg
Beerbaumstraße 12
82166 Gräfelfing

Herrn
Thomas Meyer
Martiusstraße 155
80202 München   Gräfelfing, 20.6.2014

Ihre Kündigung

Sehr geehrter Herr Meyer,

❶ in Ihrem Schreiben vom _____ teilen Sie mir mit, dass Sie das Mietverhältnis kün-
❷ digen. Allerdings haben Sie nicht wirksam gekündigt, denn _____

_____

❸ Wollen Sie wirksam kündigen, dann schicken Sie mir ein Schreiben, das die formalen An-
❹ forderungen erfüllt. Die Fristen würden sich in diesem Fall entsprechend verlängern.

Mit freundlichen Grüßen

Sandra Klangberg

Kommentar zum Mietaufhebungsvertrag

Ausgangslage

Im Prinzip steht es Ihnen frei, den Mietvertrag vorzeitig zu beenden. Voraussetzung ist, dass beide Vertragsparteien das wollen. Es könnte etwa sein, dass Ihr Mieter vorzeitig eine neue Wohnung findet und nun so schnell wie möglich ausziehen will, um doppelte Kosten zu vermeiden. In solchen Fällen sollten Sie unbedingt einen Mietaufhebungsvertrag abschließen. Damit sorgen Sie für Sicherheit.

❶ mit dem Vertrag vom

Beziehen Sie sich unbedingt auf den Mietvertrag. Dazu geben Sie das Datum an, an dem er abgeschlossen wurde. Der Aufhebungsvertrag ist eine Änderung des Mietvertrags und wäre unwirksam, wenn nicht klar ist, auf welchen Vertrag er sich bezieht.

❷ Mietverhältnis zum _____ zu beenden

Hier halten Sie das neue Datum fest, zu dem der Mietvertrag aufgekündigt werden soll. Auch wenn Ihr Mieter vorher auszieht, muss er bis zu diesem Termin die Miete zahlen.

❸ im vertragsgemäßen Zustand

Mit dieser Klausel bekräftigen Sie einfach nur das, was im Mietvertrag steht. Selbstverständlich steht es Ihnen frei, zu vereinbaren, dass der Mieter Schönheitsreparaturen durchführen muss, zu denen er nach dem Mietvertrag nicht verpflichtet wäre (als Ausgleich dafür, dass er vorzeitig ausziehen darf), oder ihm diese Pflicht zu erlassen (als Belohnung dafür, dass er vorzeitig auszieht). In diesem Fall streichen Sie die beiden Sätze und halten Ihre Regelung unter den „sonstigen Vereinbarungen" bei Punkt 7 fest.

❹ § 721 ZPO

Dieser Paragraf der Zivilprozessordnung (ZPO) regelt die Räumungsfrist. Wenn Ihr Mieter trotz Aufhebungsvertrag zum vereinbarten Termin nicht auszieht, müssten Sie Räumungsklage erheben. In diesem Fall könnte der Mieter eine Räumungsfrist beantragen und noch Wochen und Monate bei Ihnen wohnen bleiben. Das wollen Sie mit dieser Vereinbarung verhindern.

Mietaufhebungsvertrag

Zwischen

_____ (Vorname, Name)

in: _____ (Adresse)

im Folgenden „Vermieter" genannt

und

_____ (Vorname, Name)

in: _____ (Adresse)

sowie: _____ (Ehegatte, weiterer Mieter)

im Folgenden „Mieter" genannt

wird folgender Mietaufhebungsvertrag geschlossen:

❶   1.   Mieter und Vermieter hatten mit dem Vertrag vom _____ ein Mietverhältnis begründet. Vermietet wurde _____ _____ .

❷   2.   Beide Parteien sind übereingekommen, das Mietverhältnis zum _____ zu beenden.

      3.   Der Mieter verpflichtet sich, zu diesem Termin die Mieträume mit sämtlichen Schlüsseln, auch die auf eigene Kosten beschafften, an den Vermieter zurückzugeben. Die

❸   Mieträume müssen sich im vertragsgemäßen Zustand befinden, also so, wie es im Mietvertrag vereinbart war. Dies gilt insbesondere für die Vereinbarung über die Schönheitsreparaturen.

❹   4.   Der Mieter verzichtet darauf, eine gerichtliche Räumungsfrist nach § 721 ZPO geltend zu machen.

      5.   Der Vermieter verpflichtet sich, die vom Mieter geleistete Kaution mit den bis dahin aufgelaufenen Zinsen spätestens bis _____ an den Mieter zurückzuzahlen. Hiervon unberührt sind die Ansprüche, die der Vermieter noch an den Mieter hat.

      6.   Sollte bei Fälligkeit der Kaution noch eine Abrechnung über die Betriebskosten ausstehen, ist der Vermieter berechtigt, einen Betrag von _____ Euro bis zur endgültigen Abrechnung der Betriebskosten zurückzubehalten.

7. Sonstige Vereinbarungen: _____

_____

_____

_____

_____

_____

8. Mündliche Nebenabreden wurden nicht getroffen. Änderungen und Ergänzungen
dieser Vereinbarungen müssen schriftlich erfolgen.

_____, den _____

(Ort, Datum)

_____   _____

(Unterschrift[en] Mieter)   (Unterschrift[en] Vermieter)

Kommentar zum Mietaufhebungsvertrag

5 Sonstige Vereinbarungen

Hier können Sie alle Absprachen festhalten, die Sie getroffen haben, damit die eine Seite die andere vorzeitig aus dem Vertrag entlässt (zum Beispiel Regelungen über Renovierung, Einbauten, Ausgleichszahlungen).

Wenn der Mieter auszieht

Wenn der Mieter wieder auszieht, sind einige Dinge zu beachten. So ist es zwar Sache des Mieters, die Wohnung an Sie zurückzugeben, doch tun Sie häufig gut daran, wenn Sie sich darum kümmern, dass eine ordentliche Übergabe stattfindet. Dazu gehört auch, dass Sie den Zustand der Mieträume möglichst genau dokumentieren, die Mängel erfassen und die Zählerstände ablesen.

Weiterhin sollten Sie wissen, wie Sie reagieren können, wenn der Mieter vorzeitig auszieht, die Wohnung in schlechtem Zustand hinterlässt oder sich ohne Kündigung auf- und davonmacht. Dazu finden Sie in diesem letzten Kapitel Musterschreiben. Ebenso ist ein Muster enthalten, wie Sie über die Kaution abrechnen können.

Rückgabeprotokoll

Der Mieter ist ausgezogen, die Wohnung ist geräumt. Kurz darauf wird der Mieter die Wohnung wieder an Sie zurückgeben. Dazu ist er verpflichtet. Sie sollten jedoch vorbereitet sein und ein Rückgabeprotokoll bereithalten, um den Zustand der Mieträume zu dokumentieren und etwaige Ansprüche gegen Ihren Mieter durchzusetzen. Weigert sich der Mieter, das Protokoll zu unterschreiben, sollten Sie ihn darauf aufmerksam machen, dass er von dem Protokoll stärker profitiert als Sie. Denn für Sie bestehen die protokollierten Mängel in jedem Fall. Entdecken Sie später darüber hinaus weitere Mängel, so können Sie die nicht geltend machen, wenn beide Parteien das Rückgabeprotokoll unterzeichnet haben. Im anderen Fall schon.

Kommentar zum Rückgabeprotokoll

1 Rückgabeprotokoll

Haben Sie beim Einzug des Mieters ein Übergabeprotokoll angefertigt, liegt es nahe, beide Protokolle gegeneinander abzugleichen. Auf diese Idee könnte übrigens auch Ihr Mieter kommen. Seien Sie also darauf vorbereitet.

2 Künftige Anschrift

Es ist ratsam, sich die künftige Adresse des Mieters geben zu lassen. Nur so können Sie ihm gegenüber abrechnen (auch über die Kaution). Ihr Mieter ist sogar verpflichtet, bei seinem Auszug seine neue Adresse zu hinterlassen. Hat er noch keine, sollte er hier zumindest eine Kontaktadresse angeben, unter der er zu erreichen ist. Und sobald er eine feste Adresse hat, muss er Ihnen die mitteilen.

3 Auszugstermin

In aller Regel sollte der Mieter bereits ausgezogen sein, wenn er die Wohnung „zurückgibt". Ist das nicht der Fall, sollten Sie sich auf eine solche „Rückgabe" nicht einlassen. Denn Rückgabe bedeutet eigentlich, dass Sie ab sofort wieder die Schlüsselgewalt und das Hausrecht haben.

4 folgende Schlüssel zurückgegeben

Hier tragen Sie alle Schlüssel ein, die Sie vom Mieter zurückerhalten, also auch diejenigen, die der Mieter auf eigene Kosten hat nachmachen lassen. Weisen Sie Ihren Mieter noch einmal ausdrücklich darauf hin, dass er keine Schlüssel zurückbehalten darf. Sonst macht er sich strafbar.

Rückgabeprotokoll

für das Haus/die Wohnung in

_____

_____ (Straße, Hausnummer,

ggf. Etage, rechts/links/Mitte oder Wohnungsnummer, Wohnort).

Anlage zum Mietvertrag vom _____

Mieter

Name: _____ Vorname: _____

Künftige Anschrift: _____

Künftige Telefonnummer: _____

Auszugstermin: _____

Vermieter

Name: _____ Vorname: _____

Anschrift: _____

Telefonnummer: _____

§ 1 Schlüssel

Der Mieter hat folgende Schlüssel zurückgegeben:

_____ Haustür   _____ Wohnungstür   _____ Briefkasten

_____ Kellertür   _____ Fahrradkeller   _____ Hoftür

_____ Garage   _____ Trockenraum/Waschküche

_____

Zimmerschlüssel

_____ Wohnzimmer   _____ Küche   _____ Schlafzimmer

_____ Arbeitszimmer   _____ Kinderzimmer 1   _____ Kinderzimmer 2

_____ Bad   _____ WC   _____ Gästebad

_____

Davon hat der Mieter folgende Schlüssel auf eigene Kosten anfertigen lassen: ⑤

_____

1.1a Davon übernimmt der Vermieter folgende Schlüssel und erstattet dem Mieter ⑥
hierfür _____ Euro.

_____

1.1b Davon hat der Vermieter folgende Schlüssel im Beisein des Mieters unbrauchbar
gemacht:_____

1.2 Folgende Schlüssel fehlen: _____ ⑦

§ 2 Einbauten des Mieters

2.1 Der Mieter hinterlässt bei seinem Auszug die folgenden Einbauten: ⑧

_____

_____

2.2 Hierfür erstattet der Vermieter dem Mieter einen Betrag von _____ Euro./Hierfür ⑨
erstattet der Mieter dem Vermieter einen Betrag von _____ Euro./Der Mieter verpflichtet sich, die Einbauten bis zum _____ wegzunehmen und den ursprünglichen Zustand wiederherzustellen. Andernfalls wird der Vermieter dieses veranlassen. Die Kosten hätte der Mieter zu tragen.

§ 3 Inventar

Die folgenden Geräte und Einrichtungsgegenstände wurden vom Vermieter beschafft und
werden nun wieder an ihn zurückgegeben (Mängel und Schäden bitte angeben). ⑩

Küchenausstattung

_____

_____

_____

Badausstattung

_____

_____

_____

Kommentar zum Rückgabeprotokoll

5 der Mieter folgende Schlüssel auf eigene Kosten anfertigen lassen

Hierunter fallen auch die Schlüssel, die der Mieter hat nachmachen lassen, weil ein Schlüssel verlorengegangen ist (den tragen Sie dann bei „fehlende Schlüssel" ein).

6 übernimmt der Vermieter folgende Schlüssel

Haben Sie Verwendung für die zusätzlichen Schlüssel, können Sie diese übernehmen und dem Mieter eine gewisse Entschädigung zahlen (kein Neupreis!). Andernfalls machen Sie die Schlüssel im Beisein des Mieters unbrauchbar.

7 folgende Schlüssel fehlen

Sehr wichtig, damit Sie Ihre Ansprüche gegenüber dem Mieter durchsetzen können. Unter Umständen muss der Mieter dafür aufkommen, dass ein neues Schloss eingebaut wird (aber nur, wenn sich der Schlüssel dem Schloss auch zuordnen lässt). Ansonsten muss er nur den Schlüssel ersetzen.

8 Mieter hinterlässt ... die folgenden Einbauten

Haben Sie nichts anderes vereinbart, ist der Mieter verpflichtet, bei seinem Auszug seine Einbauten wieder zurückzunehmen und den ursprünglichen Zustand wiederherzustellen. Das gilt im Übrigen auch für Einbauten, die der Mieter vom Vormieter übernommen hat.

9 erstattet der Vermieter .../erstattet der Mieter .../der Mieter verpflichtet sich

Nichtzutreffendes bitte streichen. Welche Regelung Sie treffen, hängt ganz von Ihrem speziellen Fall ab. Sind die Einbauten eine Aufwertung Ihrer Wohnung, spricht nichts dagegen, dem Mieter eine gewisse Entschädigung anzubieten. Allzu große Ansprüche kann er allerdings nicht stellen. Denn die Alternative hieße ja: ausbauen auf eigene Kosten. Doch wenn Sie ihm die Einbauten „abkaufen", dann gehören sie Ihnen, und Ihr Mieter kann es sich nicht noch einmal anders überlegen. Sind die Einbauten nutzlos, können Sie auch vereinbaren, dass der Mieter Ihnen eine Entschädigung zahlt und er damit seiner Pflicht Genüge getan hat.

10 Mängel und Schäden bitte angeben

Nicht nur die Vollständigkeit des Inventars sollte erfasst werden, sondern auch sein Zustand. Denken Sie daran: Einen Mangel, den Sie im Protokoll nicht aufführen, können Sie später kaum geltend machen.

Kommentar zum Rückgabeprotokoll

 11 _____

Listen Sie das Inventar auf und verzeichnen Sie grobe Mängel, Beschädigungen und Defekte. Ein allzu akribisches Aufspüren versteckter Mängel verunsichert nur und lohnt sich am Ende kaum. Denn Ihr Mieter muss nur für solche Schäden aufkommen, die er direkt verursacht hat. Für einen defekten Ofen etwa können Sie ihn nur dann in die Pflicht nehmen, wenn er ihn unsachgemäß bedient hat. Und selbst wenn er einen Fehler gemacht hat, stellt sich dann noch die Frage, ob er das hätte wissen können. Haben Sie ihn auf bestimmte Eigenheiten nicht aufmerksam gemacht, fällt der Fehler auf Sie zurück. Weisen die Geräte jedoch Spuren von Beschädigung auf, dürfte Ihr Mieter in Erklärungsnot geraten. Die muss er sich im Allgemeinen zurechnen lassen – auch wenn er nicht persönlich das Gerät beschädigt hat, sondern ein Mitbewohner oder Gast.

12 Fehlendes Inventar

Überprüfen Sie anhand des Mietvertrags und/oder des Übergabeprotokolls, welche Gegenstände fehlen. Womöglich muss der Mieter sie ersetzen. Das gilt jedoch nicht für Gegenstände, deren Lebensdauer im Allgemeinen kürzer ist als die Mietzeit. Und auch für das Inventar, das ersetzt werden muss, können Sie nur den Zeitwert, nicht den Neuwert ansetzen.

13 Zählerstände

Für die Abrechnung der Nebenkosten ist es erforderlich, dass Sie bei der Rückgabe die Zählerstände erfassen – am besten natürlich gemeinsam. Daher ist die Rückgabe der geeignete Moment hierfür. Muss vom Versorgungsunternehmen eine eigene Zwischenablesung durchgeführt werden, trägt die Kosten hierfür der ausziehende Mieter – aber nur, wenn Sie eine entsprechende Klausel in Ihren Mietvertrag aufgenommen haben.

14 Besonderheiten/Mängel

Schließen Fenster und Türen richtig? Gibt es übermäßige Abnutzungsspuren? Ist etwas stark verunreinigt oder gar beschädigt (Parkett, Teppichboden, Fliesen)? Haben Sie eine wirksame (!) Vereinbarung über die Schönheitsreparaturen geschlossen, sollten Sie es auf jeden Fall erfassen, wenn die Arbeiten schlecht oder gar nicht ausgeführt wurden.

WC/Gäste-WC

⑪

_____

_____

_____

Wohn- und Schlafräume

_____

_____

_____

Nebenräume/Geräteschuppen

_____

_____

_____

⑫ **Fehlendes Inventar**

_____

_____

_____

⑬ **§ 4 Zählerstände**

Kaltwasser:_____ (Zählernummer: _____)

Warmwasser: _____ (Zählernummer: _____)

Strom: _____ (Zählernummer: _____)

Gas: _____ (Zählernummer: _____)

_____ (Zählernummer: _____)

_____ (Zählernummer: _____)

§ 5 Zustand der Mieträume

Mieter und Vermieter haben gemeinsam die Mietsache besichtigt. In jedem Raum haben
sie insbesondere den Zustand der Fenster, der Türen, den Bodenbelag, die Wände und die
⑭ Heizung überprüft. Dabei haben sie die folgenden Besonderheiten/Mängel festgestellt:

Wohnzimmer: _____

_____

_____

Schlafzimmer: _____

_____

_____

Arbeits-/Kinderzimmer: _____

_____

_____

Wohnungsflur: _____

_____

_____

Küche: _____

_____

_____

Badezimmer: _____

_____

_____

WC: _____

_____

_____

Weitere Räumlichkeiten: _____

_____

_____

_____

§ 6 Behebung der Mängel

6.1 Der Mieter verpflichtet sich, bis zum _____ folgende Arbeiten durchzuführen oder zu veranlassen:

_____

_____

_____

6.2   Der Vermieter verpflichtet sich, folgende Arbeiten zu veranlassen:

_____

_____

_____

Die Kosten dafür trägt der Mieter. Sie werden mit der Kaution verrechnet.

Im Übrigen wurden keine Mängel festgestellt.

§ 7 Kautionskonto

Nach Prüfung aller Ansprüche überweist der Vermieter die Kaution auf folgendes Konto:

_____ (Kontoinhaber) _____ (BLZ)

_____ (Kontonummer) _____ (Geldinstitut)

_____, den _____

(Ort, Datum)

_____   _____

(Unterschrift Mieter)   (Unterschrift Vermieter)

Musterbriefe zu typischen Fällen beim Auszug

Auf den folgenden Seiten finden Sie Musterbriefe zu typischen Fällen:

- Sie weisen Ihren Mieter darauf hin, mit Ihnen eine Übergabe zu vereinbaren.
- Ihr Mieter zieht vorzeitig aus.
- Ihr Mieter hat die Wohnung in einem schlechten Zustand hinterlassen. Sie fordern ihn zu Nacharbeiten auf.
- Sie rechnen über die Kaution ab.

Kommentar zu Musterbrief 26: Rückgabe der Wohnung

Ausgangslage

Der Termin rückt näher, an dem das Mietverhältnis endet. Eigentlich ist es Aufgabe des Mieters, die Wohnung an Sie zurückzugeben und einen Termin mit Ihnen auszumachen. Doch einigen Mietern ist das gar nicht bewusst. Von einer verunglückten Rückgabe hat aber niemand etwas. Machen Sie den Mieter daher rechtzeitig darauf aufmerksam. Sprechen Sie ihn an oder schicken Sie ihm einen Brief.

❶ endet zum _____ unser Mietvertrag

Sie dürften wenig falsch machen, wenn Sie zwei, drei Wochen vor Vertragsende den Brief an den Mieter schicken.

❷ Bis dahin müssen Sie

Weisen Sie den Mieter noch einmal auf seine Pflichten hin.

❸ alle erforderlichen Schönheitsreparaturen

Starre Vorgaben für die Renovierung hat der BGH für unwirksam erklärt. Daher muss Ihr Mieter nur die „erforderlichen" Arbeiten durchführen. Haben Sie in Ihrem Mietvertrag keine wirksame Klausel über die Schönheitsreparaturen vereinbart, sollten Sie diesen Satz selbstverständlich streichen.

❹ sind Sie zwar verantwortlich

Das sollten Sie unbedingt dezent einfließen lassen: Es ist der Mieter, der sich um diese Dinge kümmern muss. Sie bringen sie „im Interesse aller Beteiligten" zur Sprache.

❺ riskieren wir, dass eine geordnete Rückgabe nicht stattfinden kann

Machen Sie Ihren Mieter darauf aufmerksam, dass eine Übergabe nicht zurufartig vor sich gehen kann. Lassen Sie sich darauf auf keinen Fall ein. Nehmen Sie die Schlüssel entgegen und kündigen Sie an, dass Sie sich anderntags selbst ein Bild vom Zustand der Wohnung machen werden.

❻ Rückgabe der Kaution erheblich verzögern

Daran hat Ihr Mieter natürlich gar kein Interesse. Deshalb sollten Sie auf dieses Argument nicht verzichten.

❼ in den nächsten Tagen

Setzen Sie Ihrem Mieter dezent eine Frist. Hören Sie nichts von ihm, können Sie sich schon innerlich darauf vorbereiten, dass die Wohnung wohl in keinem guten Zustand ist.

Sandra Klangberg
Beerbaumstraße 12
82166 Gräfelfing

Herrn
Thomas Meyer
Martiusstraße 155
80202 München   Gräfelfing, 20.6.2014

Rückgabe der Wohnung

Sehr geehrter Herr Meyer,

① wie Sie wissen, endet zum _____ unser Mietvertrag. Bis dahin müssen Sie die Woh-
② nung geräumt haben und in vertragsgemäßem Zustand mit sämtlichen (auch den von
Ihnen angefertigten) Schlüsseln an mich zurückgeben. In diesem Zusammenhang darf ich
③ Sie noch einmal daran erinnern, dass bis dahin auch alle erforderlichen Schönheitsreparaturen durchgeführt sein müssen.

④ Für die Rückgabe der Wohnung sind Sie zwar verantwortlich. Doch im Interesse aller Beteiligten schlage ich vor, dass wir den Termin für die Rückgabe bereits jetzt vereinbaren.
⑤ Ansonsten riskieren wir, dass eine geordnete Rückgabe nicht stattfinden kann. Das ist für
⑥ beide Seiten mit Stress und Ärger verbunden und kann die Rückgabe der Kaution erheblich verzögern.

⑦ Lassen Sie mich daher in den nächsten Tagen wissen, wann Sie die Wohnung an mich zurückgeben möchten. Dann können wir einen genauen Termin absprechen.

Mit freundlichen Grüßen

Sandra Klangberg

Kommentar zu Musterbrief 27: Vorzeitiger Auszug

Ausgangslage

Eigentlich läuft der Mietvertrag noch ein, zwei oder mehr Monate. Doch Ihr Mieter findet schon eher eine neue Behausung und zieht einfach aus. Die Schlüssel gibt er beim Hausmeister ab und hinterlässt seine Adresse.

1 unser Mietvertrag endet am _____

Dieses Datum gehört auf jeden Fall in Ihren Brief: Wie lange läuft der Vertrag noch? Darüber hinaus empfiehlt sich die Angabe, wann der Mieter ausgezogen ist.

2 entbindet Sie das nicht von der Verpflichtung

Machen Sie Ihrem Mieter klar: Er muss weiter Miete zahlen.

3 Zumindest solange ich noch keinen neuen Mieter gefunden habe

Ganz wichtige Einschränkung. Sie dürfen nicht einfach tatenlos abwarten, bis der Mietvertrag endet. Sie sind verpflichtet, sich um einen neuen Mieter zu kümmern. Und wenn vor Ablauf des alten Mietvertrags jemand einzieht, haben Sie keinen Anspruch mehr auf die Miete des alten Mieters. Das Gleiche gilt im Übrigen, wenn Sie die Wohnung umbauen oder von Grund auf renovieren lassen. Schönheitsreparaturen dürfen Sie hingegen durchführen lassen, ohne auf die Miete zu verzichten.

4 Ich fordere Sie auf

Setzen Sie dem Mieter eine Frist, bis wann er seine ausstehende Miete beglichen haben muss.

5 gerichtliches Mahnverfahren

Reicht die Kaution aus, um Ihre Ansprüche zu decken, könnten Sie auch darauf zurückgreifen. Aber das sollten Sie Ihrem Mieter dann mitteilen.

6 um einen Mieter bemüht habe

Mit dieser Aussage untermauern Sie Ihre Ansprüche. Denn wie wir bereits angesprochen haben: Ist der Mieter definitiv ausgezogen, sind Sie verpflichtet, sich um einen neuen zu bemühen.

Sandra Klangberg
Beerbaumstraße 12
82166 Gräfelfing

Herrn
Thomas Meyer
Martiusstraße 155
80202 München   Gräfelfing, 20.6.2014

① Vorzeitiger Auszug

Sehr geehrter Herr Meyer,

① unser Mietvertrag endet am _____. Sie sind jedoch schon wesentlich früher ausgezo-
② gen, nämlich am _____. Allerdings entbindet Sie das nicht von der Verpflichtung, bis
③ zum Ablauf unseres Mietvertrags die Miete zu entrichten. Zumindest solange ich noch
keinen neuen Mieter gefunden habe, müssen Sie weiterhin die Miete bezahlen.

④ Ich fordere Sie daher auf, bis spätestens _____ die bis jetzt ausstehende Miete in
⑤ Höhe von _____ Euro an mich zu überweisen. Sonst muss ich ein gerichtliches Mahnverfahren einleiten. Die Kosten einschließlich der bis dahin aufgelaufenen Verzugszinsen
hätten Sie zu tragen.

⑥ Ausdrücklich weise ich Sie darauf hin, dass ich mich bereits kurz nach Ihrem Auszug um
einen neuen Mieter bemüht habe – bislang erfolglos. Sollte ich einen Mieter finden, der
noch während der Laufzeit unseres Mietvertrags einziehen kann, werde ich Ihnen das unverzüglich mitteilen, da Sie für diese Zeit keine Miete an mich bezahlen müssten. Ansonsten aber sind Sie verpflichtet, vertragsgemäß die Miete an mich zu überweisen.

Mit freundlichen Grüßen

Sandra Klangberg

Kommentar zu Musterbrief 28: Mängel in der Mietwohnung

Ausgangslage

Der Mieter gibt die Wohnung zwar zurück, doch eine gemeinsame Begehung findet nicht mehr statt. Als Sie anderntags die Wohnung in Augenschein nehmen, stellen Sie gravierende Mängel fest: Die Räume wurden nicht fachgerecht renoviert, es fehlen Schlüssel oder der Mieter hat Ihnen seine unansehnliche Einbauküche hinterlassen. Ehe Sie die Handwerker holen und die Kosten von der Kaution abziehen, müssen Sie Ihrem Mieter noch eine letzte Chance geben.

1 nicht in ordnungsgemäßen Zustand

Nennen Sie kurz den Sachverhalt. Nach der Rückgabe haben Sie Mängel festgestellt.

2 Nach unserem Mietvertrag

Beziehen Sie sich auf den Mietvertrag, damit deutlich wird, worauf Sie Ihre Ansprüche begründen.

3 alle erforderlichen Schönheitsreparaturen

Prüfen Sie Ihre Klausel zu den Schönheitsreparaturen. Nur wenn sie Bestand hat, sollten Sie diesen Satz in Ihr Schreiben aufnehmen. Ansonsten streichen Sie ihn.

4 Folgendes zu beanstanden

Hier müssen Sie alle Mängel aufzählen, die der Mieter beseitigen soll. Was Sie nicht erwähnen, muss er nicht in Ordnung bringen.

5 Ich fordere Sie auf

Mit der Aufzählung der Mängel ist es nicht getan. Der Mieter muss wissen, was Sie von ihm verlangen. Dabei haben Sie jedoch keine Wahl: Sie müssen ihm erst einmal die Chance geben, die Dinge selbst in Ordnung zu bringen. Wenn Sie das unterlassen und gleich die Handwerker rufen, bleiben Sie womöglich auf den Kosten sitzen.

Sandra Klangberg
Beerbaumstraße 12
82166 Gräfelfing

Herrn
Thomas Meyer
Martiusstraße 155
80202 München   Gräfelfing, 20.6.2014

Mängel in der Mietwohnung

Sehr geehrter Herr Meyer,

am _____ haben Sie die Wohnungsschlüssel an mich zurückgegeben. Nun habe ich

❶ festgestellt, dass sich die Räume nicht in ordnungsgemäßem Zustand befinden. Nach

❷ unserem Mietvertrag sind Sie jedoch verpflichtet, die Wohnung vollständig geräumt und

❸ sauber zurückzugeben. Außerdem müssen bei der Rückgabe alle erforderlichen Schönheitsreparaturen fachmännisch durchgeführt worden sein. Dies ist jedoch nicht der Fall.

❹ Im Einzelnen habe ich Folgendes zu beanstanden:

_____

_____

_____

_____

_____

❺ Ich fordere Sie auf, die Schäden in Ordnung zu bringen/Ihre Einbauten vollständig zu ent-
fernen/die ausstehenden Schönheitsreparaturen nachzuholen.

Hierzu setze ich Ihnen eine Frist bis _____. So lange haben Sie Zeit, die betreffenden **6**
Leistungen ordnungsgemäß zu erbringen. Den Wohnungsschlüssel können Sie nach tele-
fonischer Absprache jederzeit bei mir/beim Hausmeister abholen. **7**

Nach Ablauf der Frist werde ich weitere Leistungen von Ihnen ablehnen, die Arbeiten auf **8**
Ihre Kosten durch Handwerker ausführen lassen und diese Kosten als Schadenersatz
geltend machen. Hierunter fallen auch die Kosten für ein Gutachten, das ich im Rahmen **9**
eines Beweissicherungsverfahrens von einem Sachverständigen anfertigen lassen werde,
um den Zustand der Räume festzuhalten, außerdem sämtliche Kosten, die dadurch entstehen, dass ich nicht weitervermieten kann.

10

Mit freundlichen Grüßen

Sandra Klangberg

Kommentar zu Musterbrief 28: Mängel in der Mietwohnung

6 eine Frist bis _____

Sie müssen dem Mieter eine angemessene „Nachfrist" setzen. Im Allgemeinen gelten zwei Wochen, nachdem der Mieter das Schreiben erhält, als angemessen.

7 jederzeit

Gibt es feste Zeiten (zum Beispiel werktags 9:00 bis 13:00 Uhr), dann sollten Sie die hier vermerken. Das Problem ist nur: Die Einschränkungen dürfen nicht zu stark sein, es muss für den Mieter zumutbar sein, den Schlüssel zu einer bestimmten Zeit abzuholen. Auch sollten Sie darauf achten, dass der Mieter für die telefonische Absprache alle nötigen Nummern hat. Haben Sie Zweifel, geben Sie die zur Sicherheit in diesem Schreiben noch einmal an.

8 weitere Leistungen von Ihnen ablehnen

Machen Sie Ihren Mieter darauf aufmerksam, dass es sich tatsächlich um eine letzte Frist handelt. Und lassen Sie ihn wissen, was alles an Kosten auf ihn zukommt.

9 Gutachten ... Beweissicherungsverfahren

Sie dürfen die Mängel nicht einfach so in Ordnung bringen lassen. Vielmehr sollten Sie, um Ihre Ansprüche zu wahren, beim Amtsgericht ein Beweissicherungsverfahren beantragen. Dann beauftragt das Gericht einen Sachverständigen, ein Gutachten zu erstellen. Und erst danach dürfen die Handwerker kommen.

10 nicht weitervermieten kann

Es liegt auf der Hand: Solange die Sachlage noch ungeklärt ist, dürfen Sie auf keinen Fall weitervermieten. Erst bekommt der Mieter seine Chance, danach ist der Sachverständige am Zug, dann bringen die Handwerker die Sache in Ordnung. Und erst jetzt ist an Weitervermietung zu denken. Für die Zeit, die bis dahin vergangen ist, können Sie vom Mieter eine Entschädigung in Höhe der entgangenen Miete fordern. Und weil Sie neu hätten vermieten können, dürfen Sie die „ortsübliche Vergleichsmiete" fordern, die im Allgemeinen höher liegen dürfte als die Miete, die Ihr Mieter zuletzt gezahlt hat.

Kommentar zu Musterbrief 29: Abrechnung über die Kaution

Ausgangslage

Das Mietverhältnis ist beendet. Sie haben die Wohnung zurückbekommen und sich Klarheit darüber verschafft, wie viel Ihnen der Mieter noch schuldet. Dann müssen Sie die Kaution zurückerstatten und darüber abrechnen. Doch Achtung: Steht die Abrechnung der Nebenkosten noch aus, sollten Sie die Kaution nur unter Vorbehalt auszahlen. Besser noch: Sie behalten vorsorglich drei bis maximal vier monatliche Vorauszahlungen ein (mehr ist nicht gestattet), bis Sie abrechnen können.

1 am _____ haben Sie die Wohnung zurückgegeben

Zwischen Rückgabe der Wohnung und Abrechnung der Kaution sollten nicht mehr als zwei Monate liegen. Ist der Fall jedoch kompliziert, gestehen manche Gerichte auch sechs Monate zu.

2 Guthaben

Die Abrechnung sollte möglichst übersichtlich sein. Stellen Sie das Guthaben des Mieters Ihren Ansprüchen gegenüber. So ist die Abrechnung leicht nachvollziehbar.

3 Einzahlung am

Die Kaution darf in drei Raten bezahlt werden. Entsprechend gibt es drei Einzahlungstermine. Das hat natürlich Auswirkung auf die Verzinsung.

4 Zinsen/Erträge bis

Womöglich haben Sie eine andere Form der Anlage gewählt als das Sparbuch. Aktien oder Fonds erbringen keine Zinsen, sondern Erträge. Wichtiger noch: Im Prinzip müssen Sie die Kaution bis zur Rückzahlung verzinsen. In der Praxis heißt das, Sie sollten das Sparbuch möglichst zeitnah auflösen.

5 Sparbuchauszug

Sie müssen eindeutig belegen, wie Sie auf das Gesamtguthaben kommen. Dazu dient der Auszug.

6 Meine Ansprüche

Es ist durchaus keine Seltenheit, dass gar keine Ansprüche mehr bestehen.

7 Nachzahlung für die Nebenkosten

Eine Nachzahlung können Sie nur geltend machen, wenn Sie bereits abgerechnet haben. Dann entfällt natürlich Ihr Zurückbehaltungsrecht.

Sandra Klangberg
Beerbaumstraße 12
82166 Gräfelfing

Herrn
Thomas Meyer
Martiusstraße 155
80202 München   Gräfelfing, 20.6.2014

Abrechnung über die Kaution

Sehr geehrter Herr Meyer,

❶ am _____ haben Sie die Wohnung an mich zurückgegeben. Heute rechne ich über Ihre Kaution ab.

❷ **Ihr Guthaben**

❸ Einzahlung am _____: _____ Euro

Einzahlung am _____: _____ Euro

Einzahlung am: _____: _____ Euro

❹ Zinsen/Erträge bis: _____: _____ Euro

❺ Daraus ergibt sich ein Guthaben in Höhe von: _____ Euro (siehe Sparbuchauszug in der Anlage zu diesem Schreiben). Von diesem Guthaben abzuziehen sind meine Ansprüche, die Ihnen gegenüber noch bestehen.

❻ **Meine Ansprüche an Sie**

Ausstehende Mietzahlungen: _____ Euro

Ausstehende Vorauszahlungen für die Nebenkosten: _____ Euro

❼ Nachzahlung für die Nebenkosten (siehe Abrechnung): _____ Euro

Auslagen (siehe Anlage):   _____ Euro

Nach Rückgabe der Wohnung mussten die folgenden Mängel und Schäden beseitigt werden (Rechnungen in Kopie in der Anlage): ❽

_____   _____ Euro

_____   _____ Euro

_____   _____ Euro

_____   _____ Euro

_____   _____ Euro

_____   _____ Euro

_____   _____ Euro

Daraus ergibt sich ein Betrag in Höhe von: _____ Euro.

Auszahlungsbetrag ❾

Von Ihrem Guthaben in Höhe von _____ Euro ziehe ich meine Ansprüche in Höhe von _____ Euro ab. Daraus ergibt sich ein (vorläufiger) Auszahlungsbetrag in Höhe von _____ Euro.

Von diesem Auszahlungsbetrag behalte ich vorsorglich _____ Euro ein, da die letzte ❿ Abrechnung der Nebenkosten noch nicht erfolgt ist. Diese Summe entspricht ___ Vorauszahlungen der Nebenkosten. Sie dient ausschließlich dazu, etwaige Ansprüche aus der Nebenkostenabrechnung zu decken.

Alles in allem ergibt sich daraus ein (vorläufiger) Auszahlungsbetrag in Höhe von _____ Euro. Diese Summe habe ich bereits angewiesen. ⓫

Mit freundlichen Grüßen

Sandra Klangberg

Kommentar zu Musterbrief 29: Abrechnung über die Kaution

8 die folgenden Mängel und Schäden beseitigt

Diese Mängel und Schäden können Sie nicht einfach so aus dem Hut zaubern. Sie müssen Ihrem Mieter eine „Nachfrist" gesetzt haben, die Mängel zu beseitigen. Und Sie müssen sämtliche Kosten hieb- und stichfest belegen können – wie im Übrigen auch die Mängel.

9 Auszahlungsbetrag

Sie rechnen Ihrem Mieter vor, wie Sie auf die Summe kommen, die Sie an ihn auszahlen: Guthaben minus Ansprüche minus vorsorglich einbehaltener Betrag, um die Ansprüche aus der Abrechnung der Nebenkosten zu decken.

10 behalte ich vorsorglich

Haben Sie bereits abgerechnet oder hat Ihr Mieter für die Nebenkosten eine Pauschale entrichtet, dann streichen Sie den gesamten Absatz.

11 bereits angewiesen

Selbstverständlich können Sie auch einen Verrechnungsscheck beilegen. Auf jeden Fall ist es psychologisch günstig, wenn mit der Abrechnung gleich das Geld kommt.

Der Autor

Dr. Matthias Nöllke ist Autor zahlreicher Fachbücher zum Thema Immobilien und Vermietung. Darüber hinaus arbeitet er für den Bayerischen Rundfunk. Unter anderem sind von ihm in der Reihe „Erste-Hilfe" beim Haufe-Verlag der „Vermieter-Ratgeber", „Die 101 häufigsten Fallen für Vermieter" und „Nebenkostenabrechnung für Vermieter" erschienen.